追索

"慰安妇"朴永心
和她的姐妹们

陈丽菲　苏智良　　著

检验员：006
厂名：山西人民印刷有限责任公司
厂址：山西省孝义市新义街525号
此产品若发现印装质量问题，
持合格证及问题反馈给我公司，请
查找原因，及时处理。
联系电话：0358-7641044
产品合格证

山西出版传媒集团　　山西人民出版社

图书在版编目（CIP）数据

追索：慰安妇朴永心和她的姐妹们 / 陈丽菲，苏智良著. — 太原：山西人民出版社，2025.5. — ISBN 978-7-203-13831-0

Ⅰ. K313.46

中国国家版本馆 CIP 数据核字第 2025U15E39 号

追索："慰安妇"朴永心和她的姐妹们

著　　者：陈丽菲　苏智良
责任编辑：李　鑫
复　　审：郭向南
终　　审：梁晋华
装帧设计：阎宏睿

出 版 者：山西出版传媒集团·山西人民出版社
地　　址：太原市建设南路 21 号
邮　　编：030012
发行营销：0351-4922220　4955996　4956039　4922127（传真）
天猫官网：https://sxrmcbs.tmall.com　电话：0351-4922159
E - mail：sxskcb@163.com　发行部
　　　　　sxskcb@126.com　总编室
网　　址：www.sxskcb.com

经 销 者：山西出版传媒集团·山西人民出版社
承 印 厂：山西出版传媒集团·山西人民印刷有限责任公司

开　　本：890mm×1240mm　1/32
印　　张：8.75
字　　数：240 千字
版　　次：2025 年 5 月　第 1 版
印　　次：2025 年 5 月　第 1 次印刷
书　　号：ISBN 978-7-203-13831-0
定　　价：68.00 元

如有印装质量问题请与本社联系调换

自序：有鸟西南飞

"有鸟西南飞"为中国一古诗句，最早见于《古文苑》，原是一首怀人的诗，说北人思南，欲系信于鸟翼而不得之苦衷。还有一首同时期的古诗《晨风鸣北林》，亦是拟鸟儿"熠耀东南飞"，结果"彷徨不能归"，转咏游子在外，日暮怀归而不得之悲苦情状。近来报端连续发表中、韩、日联合调查团携二战时期日本"慰安妇"制度受害者朝鲜朴永心老人南下求证她当年的苦难经历的报道，使我们脑际心间，无端浮上这两首古诗。事境虽不相同，但由此引发的悲悯，萦绕不能去。20世纪30年代，东邻的日本发动了侵略亚洲的战争，北邻的韩、朝两国，彼时尚统一，即称朝鲜，但已于1910年沦为日本的殖民地。殖民地的人民被迫为军国主义的日本提供大量人力物力支持战争，其中就有将近20万的女性（大部分为少女）被迫或被骗作为日军的"慰安妇"。她们懵懵懂懂地跨过国境，被发配至亚洲西南各地做性奴隶。这些当时充满了生命活力的近20万小鸟儿啊！在战争的环境中，大部分被残暴的日军摧残致死，战争结束后，小部分遍体鳞伤地侥幸生还，还有一些则委羽异地，艰苦度日。

在中国湖北武汉市，就有这么一个小群落，她们因为种种原因未能回乡，从20世纪50年代开始，相互识认，逐渐聚拢，儿女通婚，每月一次聚会，讲朝鲜话，跳朝鲜舞，做朝鲜菜。岁月的磨难，让她们从最高人数时期的44人，到后来只剩下3人，且老病交加，乡语渐忘。2002年，我们曾叩门拜访，三人之一的金义庆老人误以为我们是故乡的使者，一句话未听完，抱着丽菲而大恸，几至昏厥。当时老人双腿已不良于行却仍思念远方的故乡。2005年春节前夕，金大娘还电话问候，感谢对她的生活援助，表达人处暮年、疾病缠身、痛恨日本帝国主义改变她一生轨迹、再也无法回归故乡之心情。正如《晨风鸣北林》所咏："玄鸟夜过庭，仿佛能复飞。褰裳路踟蹰，彷徨不能归。浮云日千里，安知我心悲。思得琼树枝，以解长渴饥。"

仅仅在中国，我们就在武汉，在孝感，在上海，在黑龙江，在吉林，在云南，在海南……发现了一羽一羽西南飞的苦命鸟儿，栖息在中国的土地上，她们是这一批南飞群落的最后幸存者。而朴永心，则为了和她同命相怜的姐妹们向日本政府讨还公道，再次从故国振羽下西南，以82岁老病之躯，沿着64年前的血泪之路，行行复行行，发出生命中催人泪下的悲愤鸣叫。

我们从1992年开始关注和调查这一个特殊的女性群体——"慰安妇"制度受害者，发现这个群体的人数至少有40万之众（其中20万为我们中国的同胞姐妹，朝鲜半岛的受害者在16万至20万之间），我们所知晓的中国大陆幸存者计有418人，然今天只剩下7人了。我们希望用手中的笔，不断记录所闻所见，将战争的罪恶，将这一段日本政府至今还在隐瞒和回避的真实历史，一页一页，一桩一桩，昭告于天下。

2005年2月9日于上海桂林路寓所
2024年6月18日修改于上海桂平路寓所

目　录

第一章
怀孕的"慰安妇"

引 子

这是一张曾让世界震惊的黑白照片（图1-1）。

图1-1 一张珍贵的历史照片——《怀孕的"慰安妇"》。(原件藏于美国国家档案馆)

可以清晰地看到，照片上有五个人，其中四位是女性。这四位女性，就是日军性奴隶——"慰安妇"，她们来自朝鲜半岛。特殊的是，其中一位"慰安妇"已身怀六甲，只见她眉头紧锁，一只手抚着肚子，一只手撑着沉重的身子，几近瘫痪地靠在崖壁上，痛苦之情溢于言表，旁边的另两位女子，都担心地望着她。

这就是后来被称为《怀孕的"慰安妇"》的经典照片。这是日军"慰安妇"事件最著名的照片之一。它的珍贵，是因为这幅照片是迄今为止世界上发现的惟一一张关于怀孕的日军"慰安妇"照片，也是二战时期日军实施"慰安妇"制度的铁证。

更为珍贵的是，照片上怀孕的这位"慰安妇"，在时隔近60年以后，经过中、朝、日三个国家的热心人士殊途同归的不懈追寻，竟然在茫茫人海中被找到。

在慰安所，她曾失去过自己的名字。她先是被唤为"歌丸"，后被叫作"若春"。

2003年初冬，在中、朝、日三方人士的共同努力下，她终于实现了重返当年受难之地——中国的南京、云南的愿望。

她，就是本书将要叙述的主要人物——日军"慰安妇"制度受害者朴永心老人。

来自美国国家档案馆的照片

这张照片在名叫"松山"的地方拍摄，时间是1944年9月3日。原来照片下面的解释是：JAP COMFORT GIRLS，即"日本慰安女孩"。照片是由美军摄影二等兵韦特·兰多尔（Hatfield）拍摄的。

松山，又称大松山，位于云南省龙陵县，属横断山系中的高黎贡山山脉，群峰耸立，绵延不绝，由大小二十余个峰峦构成，海拔2200米的主峰顶上，北、东、南三面可俯瞰气势恢宏的世界第二大峡谷——怒江峡谷。怒江东岸的高山峭壁与西岸的松山对峙，形成惊涛拍岸、飞峰插云的怒江天堑。著名的滇缅公路经惠通桥越过怒江后，在松山的悬崖峭壁间盘旋四十余公里，大有"一夫当关，万夫莫开"之势。它是滇缅公路的咽喉要塞，被美国军事家称为"东方的直布罗陀"。

1944年，日军在此依山构筑坚固的阵地带，企图与中国远征军决战，这里也是日军在云南的最后阵地之一。中国远征军司令长官卫立煌上将会同盟军中缅印战区美军司令、中国战区最高司令蒋介石的参谋长史迪威中将，在兵败缅甸后重整部队，以二十万的兵力围歼滇西日军，将顽敌全歼于中国的西南大门。中国军队在二战时期的对日战略反攻，最早就是从滇西拉开序幕的，而松山大战，是完成这幕壮剧的关键之战。

历史是如此的残酷，又是如此的令人感叹。当年历时五个月、激烈无比的松山战役，日军全军覆没，但这位在松山战壕中的"怀孕的'慰安妇'"却经历了千难万险，仿佛注定是为了要见证历史一般地生存了下来，这不能不说是苍天一顾的奇迹。

那么，这张照片是在哪里发现的呢？

在美国国家档案馆。

根据美国国家档案馆的档案，照片的说明是这样写的："在松山的村庄，被中国第8军俘虏的四个朝鲜女性。"（图1-2）这个"村庄"在山脚下，但看上去更像是在战地的壕沟，四个被俘的女性均疲劳不堪，头发凌乱，衣服不整，赤着双脚，愁眉不展，其

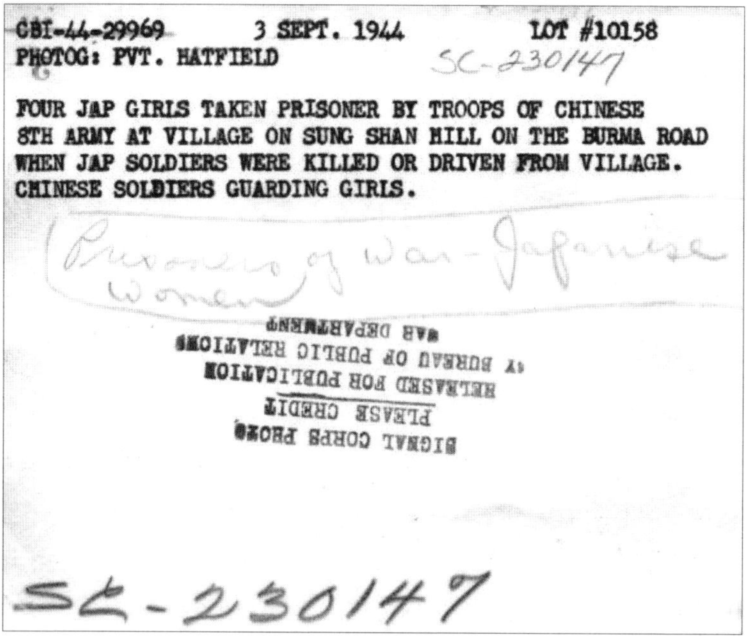

CBI-44-29969 3 SEPT. 1944 LOT #10158
PHOTOG: PVT. HATFIELD SC-230147

FOUR JAP GIRLS TAKEN PRISONER BY TROOPS OF CHINESE 8TH ARMY AT VILLAGE ON SUNG SHAN HILL ON THE BURMA ROAD WHEN JAP SOLDIERS WERE KILLED OR DRIVEN FROM VILLAGE. CHINESE SOLDIERS GUARDING GIRLS.

(Prisoner of War - Japanese Women)

SC-230147

图1-2 1944年9月3日美军摄影兵二等兵兰多尔在松山拍摄中国远征军第8军士兵（图中左一持枪者）与四名获救日军“慰安妇”受害者的合影。这是《怀孕的“慰安妇”》照片的背面。（原件藏于美国国家档案馆）

中站立的一个女子，脸上眉间，还有黑灰顾不上抹去。

我们所知道的印证这张有关松山“慰安妇”照片的史料有三份，分别保存在美国和我国的台湾。

美国的史料保存在华盛顿美国国家档案馆里，刊登在一份叫作《环球》（CBI Roundup，简称CBI）的报刊上。《环球》，它是一份战时在中国—缅甸—印度发行的周报，由美军编印。1944年11月，该报刊登了一篇题为*JAP COMFORT GIRLS*（即《日军“慰安妇"》）的文章，作者是美军记者韦特·兰多尔，文章的主要内容就是披露云南战地"慰安妇"的消息。根据文章记载，在同年的9月3日，于松山被俘的"慰安妇"有四个朝鲜人，还有一个日本人。文章还特地写着"由缅甸和云南交界地带从北往南流的怒江（别名：萨尔温江）前线寄出"的说明。兰多尔自述，他在采访和参与盟军审问"慰安妇"时，曾以"从满洲逃出来的说日语的中国学生"的身份做翻译，因此有人猜测，《怀孕的"慰安妇"》上的那位蹲在四位女性边上、面带笑容的青年，恐怕就是兰多尔①。

中国方面的材料，具体记录见于台北方面编撰的《中华民国重要史料初编——对日抗战时期　第二编：作战经过》。该书刊有一份文件：《远征军司令长官卫立煌自保山报告攻占松山及俘获与我军伤亡情形电——民国三十三年九月七日》。这是9月7日中国远征军司令长官卫立煌向蒋介石报告的松山战役具体战况的记录②，内称远征军于松山俘虏"敌妇"五人，其中朝鲜人四人，日本人一人。因此，由美军摄影记者所记录的在松山战地俘获四名朝鲜女性、一名日本女性报道的真实性，在此得到了证实。

关于怀孕的"慰安妇"朴永心，美国的第二份资料保存在"战争情报局"所收的对当时松山战役中俘虏的二十名女性的审讯

---

① 由于盟军的审问记录上有对翻译的情况记录，故也有一些学者指认这位蹲在4个女子身边的男子是"中国士兵"。

② 参见《远征军司令长官卫立煌自保山报告攻占松山及俘获与我军伤亡情形电——民国三十三年九月七日》，《中华民国重要史料初编——对日抗战时期　第二编：作战经过》，中国国民党中央委员会党史委员会1981年版，第505页。

报告中——这份审讯报告重达二十公斤。当时的审讯记录第37号是这样写的:

> 平安南道出生,23岁,Pak Yong-sim(即"朴永心"的朝鲜语发音。因此,人们最初曾将朴永心误译为"朴英深"——引者注),1939年8月,从朝鲜被带出。

也许读者要问,究竟什么是"慰安妇"呢?

什么是"慰安妇"

"慰安妇",日语发音为"YAN FU",英语一般译为"Comfort Women",是指被迫为日本军人提供性服务、充当性奴隶的妇女。仅从字面意义上看,这个词带有很大的欺骗性,是加害者一方的日本政府、日本军队、日军官兵所采用的语言,而它的实质是日军的性奴隶,因此,至今亚洲各国的很多受害者仍坚决反对使用这一名词。[①]

"慰安妇"在日语中是一个复合词。二战以前的日本书籍辞典中,从未有见"慰安妇"一词,但"慰安"作为一个动词则向来存在,它的含义就是"安抚""抚慰"。二战时期,日本才将"慰安"与"妇女"结合,因此"慰安妇"一词完全是战争的产物。

---

① 在我们查证、寻访幸存者的漫长过程中,凡是了解到日本《广辞苑》中对"慰安妇"定义的女性,几乎无一例外地对人们称她们为"慰安妇"提出抗议,她们认为,自己从来没有"慰安"过日军,而是被日军残暴地反复强奸的受害者。

作为一个专用名词，1978年才被收进《广辞苑》第二版，当时的定义是："慰安妇是随军到战地部队去慰问过官兵的女人。"①随后的1983年第三版精简为"慰问战地官兵的女性"。《广辞苑》第四版的解释是："日中战争、太平洋战争时期，为日军官兵提供性'慰安'而从军的女性。"②

显然，《广辞苑》的释义只是给出了"慰安妇"问题的两个主角——"慰安妇"和日军官兵，以及事件发生的地点——战场。至于"慰安妇"是被强迫的还是自愿的，是怎样对官兵进行"慰安"的，这些均没有回答。当然，《广辞苑》的释义更无法反映"慰安妇"所强迫受到的、残酷无比的性虐待。由此可见，权威的《广辞苑》只给了"慰安妇"一词一个并不权威的解释，直到若干年后才有所修正。③

但我们给"慰安妇"一词的定义是："慰安妇"是按日本政府和军队之命令，被胁迫为日军提供性服务、充当性奴隶的妇女，是日军专属的性奴隶。"慰安妇"问题的要点有二，一是推行"慰安妇"制度的是日本政府及其军队，二是"慰安妇"的实质是军事性奴隶。

基于此，"慰安妇"——军事性奴隶制度是人类文明史上空前的灾难，是没有任何理性的、法西斯主义的产物，是现代社会人

---

① ［日］新村出编：《広辞苑》，岩波书店1978年第2版，第62页。

② ［日］新村出编：《広辞苑》，岩波书店1993年第4版，第1211页。

③ 2018年第7版《広辞苑》释义："从军慰安妇"，日中战争、太平洋战争时期，在日军管理下的战地慰安所中，成为士兵性对象的女性。大多是殖民地、占领地出身的女性，在征募及服务期间，具有一定的强制性。(《広辞苑》，岩波书店2018年第7版，第1374頁。)

图1-3 安徽芜湖紫金庄慰安所里的中国籍"慰安妇"，由香川茂1938年5月2日摄影。(中国"慰安妇"历史博物馆藏)

性堕落的最终真相。

"慰安妇"制度的形成，有一个历史的过程。最初的"慰安妇"是日本军队从本土征召妓女为远在国外的战地官兵提供性服务，这是一种有报酬的军事商业性行为，确实应属"军妓"的性质。但是，随着战争的展开，在日本政府和军部的策划下，日军从开始有计划、按比例地配备"慰安妇"，到以欺骗、强征、滥抓的手段，将非志愿的平民女性视同"慰安妇"而将其作为性工具使用，而此时所谓的"慰安妇"，主要来自作战中的敌国——中国、东南亚以及日本殖民地的朝鲜。在这种制度化下，尤其是因制度化而被视为合法的，从而遭受日军变本加厉性摧残的"慰安妇"，早已不是"军妓"，而是完全失去人身自由、随时处在生命危险之中的日军"军事性奴隶"。

1996年2月，受联合国委托，斯里兰卡的女法律学家拉迪卡·科马拉斯瓦密发表了《关于战时的军事性奴隶制度问题的报告书》。报告书首先指出：日军在第二次世界大战中强制性把朝鲜半岛等地的妇女抓去充当从军"慰安妇"，无疑是把她们当作"性奴隶"，而且把这种"性奴隶"移送他国，是"非人道行为"，因此，

图1-4　坐着军用卡车，被迫穿梭于战场上的朝鲜"慰安妇"。(《写真：日中战争》)

"把女性及少女诱拐为'慰安妇',并对她们进行有组织的强奸,显然是施于一般市民的非人道的行为,是对人类的一种犯罪行为"。报告书劝告日本政府以国家立场向前从军"慰安妇"进行谢罪和赔偿,并对加害者加以惩罚。具体向日本政府提出以下六点忠告:

一、日本帝国陆军创立的慰安所制度违反国际法,政府应承认其法律上的责任。

二、日本应对被抓去充当性奴隶的受害者进行个人赔偿。

三、公开所有有关慰安所及关联活动的资料。

四、对每位受害的妇女进行书面上的谢罪。

五、在教育场所中,加深日本人对这一问题的理解。

六、尽可能追究及处罚募集"慰安妇"和设立慰安所的罪人。①

根据幸存者证言和学者的研究,报告给慰安所作了以下几个方面的定义:

一、慰安所设立的目的,是为了提供日军官兵强奸的女性以及预防军队的性病,"慰安妇"在非志愿的、毫无生命权利的状况下被作为性奴隶使用。

二、慰安所设立的时间与区域为从 1932 年开始到 1945

---

① *Report on the Mission to the Democratic People 's Republic of Korea , the Republic of Korea and Japan on the Issue of Military Sexual Slavery in Wartime.*（中国"慰安妇"历史博物馆藏）。

图1-5 各国的日军"慰安妇"制度受害者勇敢地站出来,揭露日军的法西斯暴行。(苏智良2016年摄于首尔)

年,遍布日军整个作战区域。

三、军队为各种慰安所颁发军用"营业许可证",供给设备,制定纪律和规则,并由军部统一实行健康管理:强制避孕,军医定期进行检查等。

四、军队出面动员地方政府与民间娼业主,以欺骗或强迫的手段征集女性,并允许军队自己强掠平民女性就地设立慰安所。

调查报告明确指出:日本政府应该公开有关历史材料,并承担罪责;公开道歉,进行赔偿;同时追究加害者的法律责任。法律学家们指出:"慰安妇"制度是一种反人道的战争罪行;对反人道的战争罪行的制裁，并不受法律上任何时效的限制。

在20世纪90年代以前，人类历史上还从来没有在正式文件中使用"性奴隶制度"这个名词。这一名词的产生背景，是第二次世界大战中战争的主要挑起国之一——日本及其军队实施的一种军内制度。然而，长期以来，日本政府和军队刻意地隐瞒了这一制度的真相。在战争行将结束的时候，处在前沿阵地的"慰安妇"们绝大多数被杀害，在后方的则尽量遣散；大量文件被销毁，尚留存的则至今仍被封。如今，日本政府的一些高官厚颜无耻地坚称：设立慰安所是民间的业主所为，并未获得政府的同意，日本的战争责任问题在1951年和同盟国签订《旧金山和约》时已经完全解决。右翼更是胡说"慰安妇"幸存者们是妓女，她们是在"胡编乱造自己的经历"。所以日本政府坚持对各国的"慰安妇"制度受害者索赔案采取不予受理的态度，导致1992年以来的所有"慰安妇"起诉案，均以败诉告终。[①]来自世界各地的幸存者们在法庭上一次次老泪纵横，甚至昏厥，日本的法官们却奉命行事，视而不见。1998年4月27日，日本山口县法院下关法庭的法官曾经勇敢地在一审中判定日本政府有罪，他们和幸存者一起当庭洒泪，并向韩国"慰安妇"制度受害老人们深深谢罪，情形至为感

---

① 亚洲"慰安妇"制度受害幸存者起诉案中一个著名案例，是韩国釜山河顺女等七名"慰安妇"于1992年12月向日本山口地方法院下关裁判所控告日本政府，并要求各赔偿1.1亿日元，三名"慰安妇"制度受害者要求赔偿3300万日元。河顺女1920年生于韩国晋州，17岁时被日本人骗到上海，成为"慰安妇"，艺名"音丸"。一年后她从慰安所逃跑，但因为语言不通等，被迫再回到慰安所，受尽凌辱。战后1946年回到家乡，但河顺女等人的起诉案最后被日本法院判决原告败诉。

人。但，下关法庭的判决立即遭到日本政府的反对，作为被告的日本政府立即向高级法院提出了上诉，并最终改判。

日本政府在拖延，在等待——总有一天，这些老人们会受尽岁月的磨难，全部离世。如今，登记在籍的中国"慰安妇"制度受害幸存者只有七人，韩国的幸存者也只有九人了。

——失去了原告，哪里还会有被告？

可是，他们想错了。

就像犹太人不肯放过当年的德国法西斯一样，所有有良知的中国人、韩国人、日本人、朝鲜人、印尼人、菲律宾人、英国人、肯尼亚人、荷兰人、美国人……在全世界范围内展开了对这一罪行的追索。以知识分子为主的志愿者队伍，在中国的山西、云南、海南、台湾、香港……在亚洲的日本、柬埔寨、马来西亚、泰国……风餐露宿，调查取证，追寻线索，希望逐渐还原这段至今还被掩盖的历史。在他们的感召和支持下，各国不断地有幸存者站出来证言。法学家们奋臂而起，帮助历史学家以法律文件的形式对受害者的证言予以公证，传与后人，使原告的权利，永远保存下去。而且，天网恢恢，疏而不漏，日本军方在实施这一制度时留下的正式文件以及各种人证物证，是不可能被完全销毁的。正如朴永心"慰安妇"受害历史联合调查的日方代表西野瑠美子女士说的那样：

美军拍摄的照片里有朴永心老人当年的影子；联军当年昆明俘房的名单里，有朴永心老人的名字；当年日本老兵的回忆录里也都有这个朝鲜名为"朴永心"、中文名"若春"的"慰安妇"记录。这些老兵直言："朴永心十分聪明，唱歌很好听，是当年一些日本兵暗恋的对象。"

人证物证，点点滴滴，又岂止朴永心一人？苍天有眼，有着这么多中立方甚至反方人证物证历史的朴永心，历经千难万险竟然活了下来。她简直是一部活着的历史。对朝鲜"慰安妇"朴永心经历的联合确认、调查，就是追索大军中的一支先锋队。

于是，朴永心成了一个象征。苍苍天地间，有多少双屈死的眼睛，在盼望；茫茫人海中，又有多少古稀老人伸出双手，在期待。历史，将如何为她们的沉冤进行昭雪？

历史是这样被发现的

世界上第一位为传媒所知晓的"慰安妇"制度受害者是韩国的裴奉奇老人①。（图1-6）1972年，美军在进行将冲绳岛归还日本的准备活动时，在一个前日军军事基地的甘蔗园里发现了一位没有国籍的流浪妇女。在对她的来历进行详细调查之后，美军大吃一惊，原来她是27年前战争结束时被美军收容过的日军"慰安妇"。几十年来流落异乡，孤苦无依，她已经成了一个自闭症患者。

美军确认了她的原籍在朝鲜咸镜南道兴南。

裴奉奇的身世通过新闻媒体的报道引起了世人的关注。1977年，毕业于早稻田大学文学系的日本女作家川田文子，辞去了国际情报所的工作，终于在冲绳的那霸找到裴奉奇，并和自闭成性

----

①也有文献记载这位朝鲜女性姓名为"裴凤岐"。

图1-6　在冲绳遭受苦难的裴奉奇老人。(金
洙燮摄影,金贤玉、李青凌提供)

的她交上了朋友。根据裴氏的自述,川田女士沿着她曲折的人生
道路走了一段又一段,并将她的悲苦身世写成《赤瓦之家》,于
1994年公开出版。其间,韩国梨花女子大学教授、"慰安妇"问题
著名研究专家尹贞玉女士分别于1980年、1988年,两次专程到冲
绳访问她苦命的同胞姐妹裴奉奇。

1944年11月,裴奉奇被人贩子以"可以赚很多很多的钱"为
由,拐骗到冲绳的渡嘉敷岛,成为"慰安妇"。裴奉奇所在的慰安
所设在冲绳一个当地士绅仲村渠的住宅里,共有六名朝鲜女子,
最小的两个才16岁,她年龄最大,30岁,被称作**"あきこ"**,也就
是"秋子"。每天她被迫与她的伙伴们穿着华丽颜色的和服"接
待"日本兵,远离故乡,忍受苦难。1945年3月23日,盟军轰炸
冲绳,慰安所的房屋被击中而毁坏。此后她们除了"慰安"日本
兵外,还要帮着烧饭、洗衣,到深山里采集野生植物,运送炮弹
上前线等。战争结束时,六人活下三人,裴是其中之一。裴奉奇
与日军官兵一起被美军押至俘房收容所,以后她被释放,但没有

人能帮助她生活，更没有人可帮助她回去。她和另一个伙伴只能游荡岛上，出卖肉体，走到哪里是哪里。后来，伙伴也死了，是热心的那霸人收留了她，地方政府给以她生活补助，裴奉奇才得以在一间小破屋中寄身下来。她患了严重的神经官能症，在媒体发现她之后，更是厌恶一切来打扰她的人，曾拿着镰刀将来访者四处追赶。终于，她向川田文子敞开心扉：我连自己的身体和性都卖了，那么，如果可以，不是连国家都可以出卖吗？

带着这样绝望的自责和疑问，1991年11月，裴奉奇于贫病交迫中死去，而且死后三天，才被人发现。她的离去，曾在韩国国民中引起强烈的震撼。因为"慰安妇"问题当时已引起了全世界的关注。

事情的起因据说是发生在美国的一件事情。1990年初春，洛杉矶的KDED电视台播出了一档"战时世界"的节目，期间一位发了财的在美国的日本人竟然忘乎所以地宣称，在太平洋战争初期日军之所以会胜利，是"因为有韩国'慰安妇'照顾着日本士兵"。此言一出，大大伤害了韩国人的感情，尤其是那些原来的"慰安妇"们，她们隐忍多年的伤口于是迸裂，愤怒的情绪如火山般爆发。5月18日，韩国妇女团体联合发表声明，必须彻底揭露战时日本法西斯强征"慰安妇"的滔天罪行。6月6日，针对对日本的谴责，日本政府发言人却宣称，"从军'慰安妇'为民间业主带去各地"，"没有任何官方文件足以证明此事与政府和军队有关"。这一态度激起了韩国女性的更大抗议。11月6日，以韩国梨花女子大学教授尹贞玉为首的"韩国挺身队问题对策协会"正式成立，她们表示要发动民众与之长期斗争。1991年8月14日，67岁的韩

图1-7　金学顺是第一个勇敢地站出来揭露日军"慰安妇"制度的韩国妇女,现已去世。(《從軍慰安婦:女子勤劳挺身隊》)

国老人金学顺第一个勇敢地站出来作证:"我就是一名被日军抓去强制卖春的'慰安妇'。"她的亲身控诉,给日本政府以当头一棒。接着,金学顺老人又与那些同受苦难的老姐妹们奔赴东京,状告日本政府,要求其承认战争罪行,并予以每人2000万日元的赔偿,从而成为世界上第一个向东京法院作证日本"慰安妇"罪行的受害妇女。(图1-7)

　　随着金学顺老人的公开指认,此后不断有受害者站出来控诉。朝鲜、中国大陆、中国台湾地区、菲律宾、马来西亚、印度尼西亚、东帝汶、柬埔寨,数百名受害者勇敢地站出来揭发日军的暴行,连荷兰的受害者也勇敢地站了出来。而在亚洲抗议日本军国

图 1-8　战争年代,两名朝鲜日军"慰安妇"正在渡过黄河。20 世纪 70 年代,记者千田夏光对这张照片产生了极大的好奇心,然后深入调查,写成了"慰安妇"系列书籍。(中国"慰安妇"历史博物馆藏)

主义实施"慰安妇"制度的国家和地区中,韩国始终走在前列。

　　这是有其历史原因的。

　　1937 年卢沟桥事变,日本发动了对中国的全面侵略战争,同时,它开始建立军事总动员体制。1938 年 4 月,日本发布国家总动员令,于是,作为其殖民地的朝鲜,就成了日本的"大陆兵站基地"和"劳动力供给基地"。1939 年,日本主管总动员计划的大东亚省企画院（即后来的军需省）通过了"劳务动员计划"，指定朝鲜总督府承担部分设立在亚洲占领区工矿的劳动力供给。至1942年，又在"国民动员计划"的名义下，责令朝鲜总督府的朝鲜劳务协会以强制的行政命令征集劳动者。作为其中的一个组成部分，1943年至1944年间，成立了"女子勤劳挺身队"组织，并公布了"女子挺身勤劳令"。朝鲜总督府再三解释，参加这个组织没有任何的人身危险。就是在这样的背景下，"慰安妇"的招募甚至强制押解，在朝鲜大规模地展开。

而事实上，日军大规模地建立慰安所，在1937年12月的南京大屠杀之后的1938年初就开始了。日军毫无人性的强奸暴行，导致了军队军纪的崩溃以及性病流行、作战能力下降。少量的日本"慰安妇"根本无法满足一百多万侵驻中国的大军之需，何况还有中国战区以外的日军。于是，日本军方首先开始向中国的女性发难，无数的平民女子，被以招工的名义骗募，更多的则是强征和乱抓，这包括对占领城市妓女的强征和接管。从城市到乡村，几乎每个小分队、每座炮楼，都有"慰安妇"们的苦难身影。在战争的环境和日军的残酷凌辱下，"慰安妇"的死亡率很高；加之作为敌对国的女性，中国女子的反抗非常激烈，而且不断有军情从这些女性的途径流入抗日的军队里——当时，确实有舍命报国的中国女子这样做，使日军感到他们的安全受到威胁。于是，他们将目光转向了殖民地的朝鲜女子。朝鲜曾是一个传统的儒教国家，女子的贞操观很重，一定程度上可保日军官兵的性安全；同时，朝鲜的女子不懂中文，无法与当地人交流，又可保日军的军事安全。从1939年"劳务供给计划"开始，日本政府就已经在殖民地的朝鲜以各种名义征集他们眼中重要的"战略物资"——"慰安妇"。等到"女子勤劳挺身队"成立，即在"慰安妇"制度推行五年之后的1943年开始，大量的朝鲜女子，继中国女子之后，遭受日军荼毒。

继"女子挺身勤劳令"实行后，1944年8月，日本又公布了"朝鲜女子青年炼成所规定"。根据这个规定，到1945年，计划成立205所，以20万未婚（18岁至30岁）朝鲜女性为对象，实施强化日语的"炼成"训练。这项计划直到战争结束，才被迫中断。

"慰安妇"问题研究领域的开拓者之一，韩国梨花女子大学的尹贞玉教授，当年就差一点被强征为"挺身队员"。她在《期求和平》一书中这样回忆：

> 1943年12月，当时我还是梨花女子专门学校一年级学生，因为日帝在朝鲜半岛推行未婚女性入"挺身队"的政策，各地不断发生恐怖事件，许多学生为了避免加入"挺身队"而急急忙忙地结婚，陆续地退了学。事态的发展惊动了学校当局，他们宣布："由学校方面负责，你们绝对不可能有这样的事。"但是，不久，我们就在被认为是"国家总动员令"的书面文件上按了手印。我遵从父母的劝告，从学校退学，从而避免了入"挺身队"的命运。而和我同年的年轻女性们，就这样被日本帝国主义强行带走了。

朴永心就是其中的一个。

那么，到底有多少中国、朝鲜女子，被迫做了日军的性奴隶？

"慰安妇"受难者知多少

1992年，联合国开始关注"慰安妇"问题，1992年和1995年，人权委员会曾两次派出特别报告官进行调查，并写出调查报告，其中，以前述斯里兰卡的女法律学家拉迪卡·科马拉斯瓦密于1996年发表的《关于战时的军事性奴隶制度问题的报告书》最为著名。这位正直的学者遭到日本政府空前的仇视。在1996年3月至6月联合国人权委员会讨论对女性性暴力问题期间，日本政府于当年4月在联合国大厅召开新闻发布会，发表《关于对女性性暴力特别报告提出者所做附属文书的日本政府的见解》，对科马拉斯瓦密女士进行卑劣的人身攻击。此举激起众怒，世界上有五十余

图1-9　1938年1月，由日军运送至上海的104位女性，正在其美路（今四平路）的一个小学里接受体检，其中有不少是朝鲜女子。她们成为杨家宅慰安所的最早受害者。（麻生徹男《上海より上海へ》）

个民间组织结集到联合国，两天里就有24份相同内容的报告书在联合国争取到正式发言，最后联合国以压倒性多数通过了拉迪卡·科马拉斯瓦密教授的报告。日本政府在巨大的压力下，悄悄地收回了他们的前述"见解"，这是一件在国际上广为流传的丑闻。

拉迪卡·科马拉斯瓦密教授的调查是客观的，她的足迹遍布日本、东南亚、韩国、朝鲜等地。在听取了受害者的证言和各方学者的研究成果后，她采纳了日本学者的意见，即二战时期的"慰安妇"制度受害者人数应有二十万左右。

但是，由于她没有受到中国政府的邀请，同时也由于中国学界对这一问题关注的不够，关于中国大陆——这块受"慰安妇"制度荼毒最重的土地，她无法准确作出估量。也就是说，在联合国的特别报告中，中国大陆的情况，基本是一片空白。

事实上，中国各界对"慰安妇"问题的关注，从20世纪80年代末、90年代初就开始了。90年代末至21世纪初，中国学者已经将二战时期日军"慰安妇"制度在中国大陆的实施状况基本摸清。

日本自侵华战争开始后，在日军中推行配备"慰安妇"的制度，随着战争的蔓延，慰安所也广泛地设置于中国各地。除未被占领的甘肃、西藏、新疆、宁夏、青海、四川等地以外，包括黑龙江、吉林、辽宁、内蒙古、山西、河北、河南、北京、天津、山东、江苏、安徽、江西、上海、浙江、福建、湖南、广东、广西、海南、贵州、云南等省市及香港、台湾地区，都发现了大量慰安所旧址遗址。目前根据我们的调查确认，日军至少在中国设立了2100多个慰安所。

图1-10 1938年1月,日军占领南京仅一个月,已设立慰安所。这是一群日本兵在南京的一个慰安所外向内张望。(上海派遣军司令部编:《日支事变:上海派遣军司令部纪念写真贴》)

1941年,太平洋战争爆发后,慰安所又从中国推广到了东南亚各地和太平洋上的岛屿,主要有菲律宾、新加坡、泰国、缅甸、马来亚、印度尼西亚、新不列颠群岛、新几内亚等。

由于战败时日军大量销毁有关"慰安妇"的档案,也由于日本政府至今未公开"慰安妇"的历史文件,要准确指出日军与"慰安妇"的比例是较为困难的。尽管如此,人们仍可以通过对各种资料的分析,而接近历史的真实。例如,根据关东军的作战计划,1941年,它准备动员70多万人的军队和2万人的"慰安妇",其比例为37.5∶1。

但是,这个比例并没有得到日本官方的认同。目前日本学者普遍认同当时军队里流行的"29∶1"之说，也就是日本军队认为，37至38名士兵配给一个"慰安妇"太少，根据生理限度，一个"慰安妇"大约对29名军人，才能大致使军队得到性满足而不致引起内部的混乱。据"29∶1"的比例，日本学者在加上"慰安妇"因逃亡或死亡而需补充的更替率（他们认为更替率大约在1∶1.5或1∶2之间），算出"慰安妇"的总人数大约为：

$$300\,万（日军）\div 29 \times 2 \approx 20.6897\,万人$$

即二战期间的"慰安妇"人数为20万左右。这个研究结果是在1992年前后得出的。但是，这个数字显然是被低估的，因为战时日军总人数超过700万。在那时，中国大陆的"慰安妇"问题还未引起学界的充分重视，几乎没有展开正式的、有规模的调查。因此，这个数字，主要是日本学者根据日本国内和韩国的研究得出的。

自20世纪90年代中期中国大陆的学界结集力量开展"慰安妇"的调查和研究之后，发现了至少以下几点以前未被注意的问题。

第一，日军配备"慰安妇"的完备性远远超出人们的估计，不但主力部队，而且警备队、小分队以及前线的碉堡、据点都普遍设立了此类设施，这表明受日军性暴力侵害的妇女远比此前的研究范围大。

第二，前此作出的20万人估计，都是以日本、朝鲜、东南亚，特别是朝鲜女子为主体的，中国妇女的数量只是象征性的，而近30年来中国大陆调查到的慰安所遗址、历史目击证人及"慰安妇"制度幸存者，均证实有大量慰安所强拉当地女子的事实，包括中国的少数民族妇女。由于中国大陆是二战时期日军最大的主战场，因此，未将中国的受害妇女计算在内，这20万数字显然是大大偏少了。

第三，关于更替率。从这些年来受害者的证言和从各地编撰的地方志资料中可知，在战时状态特别是战争的中期和后期，日军对中国军民尤其是平民的杀戮，是变本加厉的。《安庆文史资料》中有一例记载，1938年6月，日军在安徽桐城抓捕大量女子设立慰安所，结果被日军官兵"亵侮、奸淫、杀害"。1938年出版的《敌寇暴行录》记录了一位中国牧师陆某误入设在上海虹口的日军"行乐所"，救出了他的邻居——一位新婚女子。据这位女子所言，"行乐所"楼分三层，以年龄区分关押，不得穿衣服，日夜遭受蹂躏，每天都有人死去，每天又有新的补充，关押女子有数百之众。

图1-11 "海乃家"慰安所是日本海军在上海最大的慰安所之一，其中有不少是朝鲜女子。这是慰安所经营者夫妇与"慰安妇"的合影。（華公平《從軍慰安所"海乃家"の传言》）

而这些女子，最后都下落不明。而《侵华日军暴行总录》一书记载，1941年夏，海南博鳌慰安所的50多名中国妇女被日军于塔洋桥边，全部杀死，原因是她们不愿好好接待日军。1944年5月日军在湖南株洲一慰安所中的十名中国"慰安妇"，有八名丧生……这些零碎的记载，只是沧海之一粟。由于中日是二战时期双方交战时间最长的交战国，中国"慰安妇"的死亡率比起日本、东南亚、朝鲜的受害者要高得多，这是符合历史事实的。根据"慰安妇"受害者的证言，在这样高的死亡率下，一直到1945年为止，日军仍然保持了军中慰安所设置有增无减的势头。因此，如果将更替率定在1∶1.5和1∶2之间，可能是偏低了。因此，上海师范大学中国"慰安妇"研究中心提出"慰安妇"的更替率在1∶3.5到1∶4.0之间的推断，以此计算得出的结果是：

$$300 万（日军）\div 29 \times 3.5 \approx 36 万人$$
$$300 万（日军）\div 29 \times 4.0 \approx 41 万人$$

即整个二战期间，被日军强迫为性暴力制度的受害者人数应在36万至41万之间，其中约有半数即20万左右为中国妇女，推测朝鲜妇女在16万至20万之间。尽管这个数字只是在30年来研究和实地调查结果的基础上的一种推论，但它可以大致反映各国妇女在二战时期受日军荼毒之深重的最低人数概况。[①]

[①] 有关研究具体可参阅苏智良、陈丽菲的《侵华日军"慰安妇"制度略论》(《历史研究》1998年第4期)；苏智良：《日军"慰安妇"制度研究》，江苏人民出版社2022年版。二战时期日军的总人数，不少军事史专家们认为，至少有700万人以上，而我们这里仍以300万人计算。

这一概况的描述，已经得到了各国有关学界的采纳。

不堪回首的往事

根据联合国人权委员会的调查和亚洲各地学者的查证，绝大多数"慰安妇"制度受害幸存者均证实，她们是被彻底剥夺了人身自由、被当作工具般使用的女性。一般由日军管理运营的慰安所，门口有日军士兵站岗，"慰安妇"绝对不能随便外出，她们没有人身自由。有些慰安所周围装着铁丝网，还有士兵守卫。幸存者罗贤花回忆在牡丹江的慰安所时，因为有人拼死逃跑，所以日

图1-12　1992年起，每逢星期三上午，韩国的原日军"慰安妇"们云集汉城日本大使馆前，举行抗议。这项抗议活动坚持至今已30多年。这是1992年8月12日的示威活动，中立者是金学顺老人。(《ハッキリ通信》1992年第3号)

军时刻对她们进行监视，甚至连洗澡、上厕所也有武装哨兵跟随。

据朝鲜受害者李顺玉（化名）回忆，在她所在的慰安所里有20多个朝鲜"慰安妇"。每个"慰安妇"的房间里都备有一个存物箱，还有一块用水泥砌的脱鞋子的地方。"慰安妇"的房间只有三平方米，地上铺着木板，房门上贴着"慰安妇"的照片和名字，如果有伤或重病，门上就会挂上不能接待军人的记号。据另一位受害者崔一礼回忆，慰安所的门上贴着"慰安妇"的名字和照片，门前还钉着白布做的门帘，士兵进来时，就把门帘放下。

日军对"慰安妇"进行严格的性病体检，一般一星期检查一次，并配送避孕套，规定所有官兵都必须使用避孕套。据幸存者文必基回忆，在慰安所里，避孕套是紧张的"战略物资"，使用过的还要反复使用。日本军人命令"慰安妇"清洗军人们用过丢下的避孕套，"慰安妇"要将它们彻底洗干净，然后消毒，上药后再使用。每个"慰安妇"都要准备40到50个避孕套。避孕套一般用过三次才被扔掉。"慰安妇"接待一名军人后，可以到楼下的澡堂里用消毒水清洗阴部，消毒液放在澡堂里，还有其他措施（如中国广东珠海的三灶岛慰安所，是军方发给消毒装置在每位女性的小房间内，由"慰安妇"当即进行消毒）。崔一礼所在的慰安所比较宽松，每个星期有一天停止接待，这一天进行体检。日本兵把"慰安妇"带到一个帐篷里，命令"慰安妇"躺在一个台子上，两腿张开，由军医逐个检查外阴和子宫。朝鲜少女吴娱穆所在的慰安所里，"慰安妇"们每周去一次城内的医院接受性病检查，一旦患有性病就要吃许多药，还要注射606针剂。

尽管日军实施了避孕措施，但"慰安妇"怀孕的事还是有不少，其主要原因是相当部分的日军官兵知道新来的年轻女性身体健康而不肯使用避孕套。怀孕女性的结局大多很悲惨。据朝鲜受害者黄锦周回忆（图1-13），在最初的半个月里，日军军官们一天要让黄锦周接待三四次。军官们根本不用避孕套，因此有些女子就怀孕了。慰安所对付怀孕的女子就是注射606针剂。打针后，身体就会肿起来，而且觉得阴冷阴冷的，然后阴道出血，最后被送到医院，由医生给她们刮宫。有些女子甚至连续被刮了三四次，从此就再也不会怀孕了。战时曾在东北当兵的札幌市中央区的金木重义先生（无职业，70岁）说："有的'慰安妇'还带着两个小孩，小的是在慰安所生的。当时不去慰安所的士兵，几乎是没有

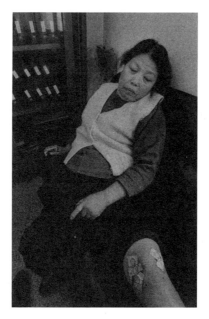

图1-13　生活在首尔的日军"慰安妇"制度受害者黄锦周老人，晚年疾病缠身。
（伊藤孝司编著:《白飘带噙在嘴》）

的情况。"受害者崔一礼所在的慰安所,也有"慰安妇"怀孕生下孩子的,不过只要孩子一出生,日本兵就从母亲身边夺走婴儿,"慰安妇"们并不知道孩子的生死。另据受害者崔凤仙自述:被日军奸淫后,有的女子怀孕了,但怀孕的女子全部都"失踪"了。在当时无任何卫生防范的条件下,性病亦时刻对"慰安妇"构成威胁。许多"慰安妇"就是得了性病而死去的。实际上,不用避孕套的情况是很多的,受害者金春子就曾怀孕过一次,在怀孕三四个月后,日本人给金春子打针,胎死腹中。在黄锦周所在的慰安所,最初的每个星期,都有军医来为"慰安妇"进行两次身体检查。检查在距离慰安所稍远的一间简陋草屋里进行,后来改成一个星期一次。黄锦周回忆,这个慰安所里的"慰安妇"没有一个身体是好的,大概每人都有过怀孕的经历,甚至有的怀孕两三次。

据朝鲜被害者回忆,朝鲜女子到了慰安所以后,多被改称日本名字,并规定要穿和服[①]。如受害者金俊淑回忆,日军规定,自己的朝鲜名字也不准叫,一律改成日本名字,并强迫脱去朝鲜服装,穿上日本和服。李玉顺回忆,慰安所老板娘要求每个人的头发一律剪成短发,发给"慰安妇"黄色的内衣、藏青色长袖连衣裙等,后来发日本的和服以及短外套。黄锦周回忆,"慰安妇"穿的是和服,后来穿军人穿的运动服。1945年后,因物资匮乏,"慰安妇"们连像样的衣服都穿不上了。断绝供应后,她们就穿军人穿的破旧衣服。而中国的受害者回忆,中国的女子多是穿本民族服装,也有少数被强迫穿和服的情况。有些慰安所还在政治上强

[①]朝鲜"慰安妇"在慰安所内一般穿和服,但在休息日也有穿朝鲜服装的情况。

图 1-14 李天英被日军诱骗从朝鲜来到中国,受尽苦难。晚年在安徽生活的李天英,仍保持着本民族的生活习惯。(上海电视台编导章焜华先生提供)

迫"慰安妇"们效忠日本。如朝鲜受害者文必基回忆,早晨日本军人要"慰安妇"们做防空演习,"慰安妇"们还需要集中在院子里,背诵效忠日本的"皇国臣民誓词",唱日本军歌。

根据受害者的自述和日军老兵的回忆,每个受害者一天被迫"接待"五六人是常见情况,最多的达30至40人。朝鲜受害者吴娱穆说:"一般一天要接待五六个日本军人,多的时候有十多个。"一个原第5军第606部队的一等兵(代理卫生兵)战后回忆说,星期天时,"慰安妇"一天要"接待"20名左右的士兵。李玉顺所在的慰安所是一幢红砖砌成的两层楼房,里面被分隔成面积相同的小房间。一般，受害者们先在一楼门厅等待，军人们进来自己挑选一个中意的，然后带进房间。在湖北、安徽受害的袁竹林、毛银梅、李天英等，也都回忆过此类情况（图1-14）。星期六和星期日，军人更多。一个原第5军第606部队的一等兵战后回忆说，1944年，在勃利县，设有朝鲜人慰安所和日本人慰安所。星期天时，"慰安妇"一天要"接待"20名左右的士兵。"慰安妇"的检查由军医负责。在星期六和星期天，军人们从早晨8点钟就不断地涌入慰安所，除了吃饭外，"慰安妇"必须连续不断地"接待"军人。晚上7点后军官们又来了，他们直到第二天早晨才离去。军人们来到慰安所要在门外排队，然后按顺序进入，有时会为了争着先进去而互相争吵。原日军航空队八日市联队的军曹（80岁）回忆说，"慰安妇"一天也许要"接待"30个士兵。被害者崔一礼说，白天，日本兵们排队而来，有二三十名；夜里，醉酒的军官蹂躏得你整夜无法睡觉。黄锦周回忆，军人们进入慰安所，没有

图1-15　朝鲜女子姜日出女士被诱骗到吉林沦为日军性奴隶，2015年，她来到上海师范大学控诉日军的暴行。故事片《鬼乡》就是根据她的受害经历而拍摄的故事片。（苏智良2015年摄）

规定的时间表，士兵和军官随时可以来，通常每个"慰安妇"一天要"接待"30到40人，到休假日，军人会更多，他们穿着裤衩在外面排队，有的甚至脱掉了裤衩，别人还在房间时就迫不及待地进来了。

由于日军的虐待和杀戮，相当部分的性奴隶制度受害者在战争结束前已遭杀害。性奴隶制度受害者因病死、被日军折磨致死，以及逃亡等原因，需要及时填补。尽管在今天，我们已无法精确地计算其数量，但性奴隶制度受害者的死亡率相当高，确为事实。如李福女所在慰安所的20多名女性中，最后仅剩下五名"慰安妇"，其余都被日军杀害了。幸存者金俊淑证实，那时，"慰安妇"得了病或是死了，日本人就按数补充。幸存者崔凤仙回忆，曾有一个女子，被日军用浸过水的木棍打在后脑上，当即气绝身亡。黄锦周回忆，如果病重，军人们就将生病的人弄到别的房间隔离；如果治疗两次以后再复发，那么军人就会把她带走。这些被带走的女子没有再回来过。与黄锦周一起从家乡出来的20个女子中，最后只有黄锦周一人活了下来，其余的人或是莫名其妙地失踪了，或是得病被带走了。即使是新补充来的"慰安妇"也有不少失踪的。如广州姑娘黄惠蓉，16岁时被日军抓获，当时约有100名姐妹一起被押往海南，即遭日军官兵蹂躏，沿途死亡，到达海南黄流时，只剩下40多人。

再如，日军在苏州抢掳200名年轻女性设立慰安所。女同胞们不甘受辱，"于是每天就有自杀的事情发生了。自杀的增多，是说明着'慰安者'的减少。在兽兵们看来，饭倒不妨少吃两顿，但'慰安者'却少不得一个。于是他们就用恐吓手段，禁止那些不堪蹂躏的女同胞们自杀。然而那深重的痛苦，不是恐吓所能减轻的，

图1-16　被押送到中国来的朝鲜"慰安妇"。(伊藤孝司
编著:《白飘带噙在嘴》)

……这可使'皇军'不耐烦了, ……就选了一个暗无天日的日子, 把那些一息尚存的可怜的女同胞, 一齐押到虎丘山旁, 用连珠般的机枪,'痛快'地扫射。顷刻之间, 那百余个被蹂躏的人们, 全送了她们的性命。"①

---

① 国民政府军事委员会政治部:《日寇暴行记略》, 武汉1938年编印, 第82-83页。

海南昌感地区（今东方市）的北黎慰安所，每个"慰安妇"24小时接待日军。鸨母是从台湾或朝鲜挑选来的泼妇，手辣心狠，往往强迫"慰安妇"抱病接客，不达到指标不给吃饭休息，于是就有"慰安妇"竟被活活折磨致死。有的不堪受辱而设法逃跑，若被抓回便是死路一条。还有的实在受不了这非人的生活而上吊、服毒，用死来摆脱这个人间魔窟。对于这些死于非命的妇女，日军仅用一张草席裹尸，挖一个土穴埋掉了事。至今北黎旷野上还有十几座不知道姓名的"慰安妇"墓坟。

在日本军队的慰安所中，日本女子被称为"内地人"，待遇相对高些，多接待将校；朝鲜女子被称为"半岛人"，待遇次之（图1-16）；作为敌对国的中国女子，则处于这个人间地狱的最底层。[①]

被俘"慰安妇"来自何方

关于在云南松山被俘的"慰安妇"，我们现在可以依据的直接材料，是美国陆军印度、缅甸战区所属的美国战时情报局的心理作战班整理的《心理战：日本人俘虏审讯报告》，其中记录了1944年8月至9月间俘虏的20名朝鲜人"慰安妇"和两名日本人（慰安所经营者）的情况。审讯在俘虏收容所进行，整理者阿历克斯·约里奇是日裔美国人，时任心理作战班中士。根据审讯记录，被

[①] 关于中国"慰安妇"的情况，请参阅苏智良：《慰安妇研究》，上海书店出版社1999年版；苏智良：《日军性奴隶》，人民出版社2000年版；陈丽菲：《日军"慰安妇"制度批判》，中华书局2006年版。本书主要以朝鲜"慰安妇"的历史为主线，故中国的受害者情况从略，特此说明。

俘的"慰安妇"年龄在19岁到31岁之间，分别来自庆尚南道（11人）、庆尚北道（4）人、平安南道（2人）、京畿道（2人）、全罗南道（1人）。这些朝鲜妇女都是被骗从朝鲜来到云南的。

被俘"慰安妇"尹庆爱在审讯时回忆道：那是在1942年4月初，日本官员来到平壤附近的村庄，他们又贴广告又开大会宣传，开始招募"到新加坡后方基地从事勤务工作"的人员，宣称在基地内的医院照顾病人、做帮手，可以赚钱，吃好的食物，穿漂亮衣服，于是好多人都去应聘了。还有"慰安妇"这样回忆：日本人说可以先领借金解决家庭困难，订约以后，半年到一年就可以回来。有个女孩因为父亲膝盖受伤，应募的时候领到1500日元，

图1-17　照片上的女子,就是监视朝鲜"慰安妇"的日本人。(森山康平:《フーコン・雲南の戦い》)

欢天喜地地支付了医疗费——她没有想到，这就是她的卖身钱。招募完成后，当年6月她们便从朝鲜往南出海。一路上日本人不停地向女孩子们宣传，说日军打了胜仗，在南方将建立新生的"大东亚共荣圈"。船到了新加坡后，日军却没有让她们下船，而是继续行驶，女孩子们便开始担心起来。当把她们装载在列车上，从缅甸仰光往北开的时候，她们便意识到不能逃脱自己的命运。原来，她们工作的地点不是新加坡，而是缅甸北面的最前线。当这些"慰安妇"到达怒江最前线的松山阵地，进入慰安所后，发现也有日本"慰安妇"。这个日本女性（图1-17）也是在松山战役中一起被俘虏的。这张照片也是美军摄影兵兰多尔拍摄的，照片的背面有英文说明：一名随同日军的女孩在松山被中国第8军俘虏。当时，所有的日军士兵都已经被消灭在松山，但中国士兵发现这名女孩躲在山洞的角落。图中的中国士兵正在呼叫军队总部，报告这名被俘女孩的情况。

这名女性在美军拍摄的松山"慰安妇"54秒录像中出现过（图1-18），这张照片和《怀孕的"慰安妇"》是在同一个场所同一天——松山1944年9月3日拍摄的。据西野瑠美子等学者的研究，她是位日本"慰安妇"，当年约35岁左右，名叫双叶[1]。从该照片上看，可以知道这是一个比朝鲜"慰安妇"们年龄更大的女

---

① 见［日］西野瑠美子：《戦場の慰安婦——拉孟全滅戦を生き延びた朴永心の軌跡》，明石書店2003年版，第118-119頁。

图1-18　美军拍摄的松山"慰安妇"54秒录像中,出现了日本"慰安妇"双叶(北村富子)被远征军解救的图像。(美国国家档案馆藏)

性。据学者后来的研究,她名叫北村富子①。

日本士兵告诉"慰安妇"们,如果被中国军队抓住,就会受到残酷的暴行。对这些话大家都确信无疑,她们异口同声地说,为了保护自己国内的家族,不能说出真名。在两年里,为了能生存下去,她们只能在日本军队里服务,甚至在枪林弹雨中上前线。

根据记录,"慰安妇"收不到家信,也得不到任何报酬。原来日军将"慰安妇"的信都扣下了。独自来到异国他乡的"慰安妇"

---

①见[日]浅野豊美:《雲南、ビルマにおける慰安婦——死者は語る》,载日本財団法人女性のためのアジア平和国民基金慰安婦関係資料委員会編:《慰安婦問題調査報告1999》,財団法人女性のためのアジア平和国民基金1999年発行,第65頁。

们没有任何精神上的支柱，每天要承受日本士兵的性奴役。她们生存的价值就是"慰安"日本士兵和照顾他们的日常生活，她们的实际状况和"奴隶"没有什么不同。

在审讯记录里的人，惟有朴永心的经历可以首尾相接，印证出日军实施"慰安妇"制度的完整历史。

朴永心，17岁的性奴隶

朴永心，在战后研究"慰安妇"历史的著作和新闻报道里又曾被称为"朴英深"。她出生于1921年12月15日，家乡是朝鲜平安南道南浦市江西区域石二洞。自1910年被日本吞并之后，朝鲜人民便陷入亡国、贫困的苦难之中。朴永心自幼丧母，连母亲的样子都没有任何的记忆。村子里的地主是日本人，父亲给日本地主做工种地。在家里，她是第三个孩子，上面还有两个哥哥。由于家境贫寒，她基本没上过学。在同年龄的孩子上学的时候，她却在帮父亲做农活。为了照顾家庭，父亲后来娶了继母。随着妹妹的出生，朴永心感到了孤独。为了得到父爱，她非常地顺从继母，但继母毕竟有了亲生的女儿，对她还是渐渐地冷淡下去。14岁的时候，她离开家庭，到后浦一家专做儿童帽和红白喜事用帽的缝纫铺里去做工，以维持家计。

1939年8月，朴永心17岁。这一天，朴永心记得很牢。村里突然出现了一个戴着高高的红帽、腰里别着长长的配刀、穿着黑色制服、肩上有两个星的日本警察。他用日语对店里的人说："现在招募女勤务人员，是个有报酬的工作。喂！这个小姑娘！你可以去！去不去啊？"朴永心听后心动了。这个警察虽然有点可怕，也没有说工作的地方，但警察的话应该是可以相信的。善良的她考虑，如果能找到一个好的工作，就能减轻父亲的负担，也可以改变自己的家庭气氛。于是，她报了名。同村还有一位叫玉庆的22岁少女，和她一起报了名。

警察把朴永心和那位22岁的少女一起带到了离南浦大约有40分钟车程的平壤火车站。一看，那里已经集中了大约20来个年轻的女孩子。警察把她们交给了日本宪兵，就走了。她们被装进一列运货的列车。那是一种运货物的闷罐车，朴永心记得车厢内因为一扇窗也没有，黑黑的，在8月的天气里，非常的闷热。一爬进车厢，日本宪兵就握着短刀大声威胁她们："谁想逃跑就杀死谁!"严厉的日本宪兵一直在她们身边监视，连女孩子们大小便，都不

图1-19　地处南京利济巷的东云慰安所，就是朴永心最初的受害地。图为东云慰安所旧址。(2001年，中国"慰安妇"历史博物馆藏)

准下车，于是，她们只能在长车厢的另一头就地解决问题。女孩子们根本没有想到会是这样的结果，惊恐万分地挤作一堆，不敢做声。漫漫长路，也不知道过了几天几夜，才来到中国的长江边。终于可以下车了，中间还有什么曲折，多年以后的朴永心全然不记得了，但她还记得的，是发音"浦口"的这个地名。浦口是津浦线的终点站，朴永心应该是经由天津到达长江北岸的。

渡过长江后，她们坐上了卡车，很快，车子就开进了一个大城门，进入一个热闹的大城市。日本宪兵宣布，大家可以下车了。后来，朴永心才知道这里是"南京"。随着铁门"哐"的一声闭上，朴永心们被关进一座大约有10幢房子的大院。有人领她走进一幢两层的砖结构房屋。上了楼梯，两边相对，全是房间。"这是你的房间，19号。"左手第二间房门上，果然挂着一块写着"19号"数字的牌子。朴永心说，她永远记得这冷冰冰的声音和"19号"这个给她带来一生厄运的数字。（图1-19）

朴永心哪里知道，她已经成为日军实施的"慰安妇"制度中的一员。那年，她刚刚17岁。

在南京，朴永心度过了将近三年的岁月。至1942年的初夏，她经由上海、台湾、新加坡，被送往缅甸。以后，她又被送往云南的腾冲，并在1944年中国远征军收复滇西的大战前夕，被送上了最前线的松山慰安所，经历了惊心动魄的五个月大战，但她居然活了下来，并给世人留下了那张著名的照片。

战后，朴永心们和被俘的日本兵一起被送进了昆明的俘房收

图1-20　朴永心等朝鲜"慰安妇"受害幸存者在重庆时期的合影。照片有拼接,左下第三位是朴永心,并出现了《怀孕的"慰安妇"》中的A、C和D三位女性。(《大战画集》)

容所。一年后,1945年9月,她们又被送往重庆。图1-20[①]左下第三位为朴永心,还有《怀孕的"慰安妇"》中的A、C、D三人。在照片中,这些获救的妇女面对镜头,透露出的是灿烂的微笑。

---

　　① 这张历史照片的发现和考证是由原上海师范大学中国史硕士研究生、现中山大学中国史博士生曾俊完成的,特此说明并致谢。

朴永心们立即由设在重庆的韩国光复军总司令部接收,并在1946年,经由仁川回到汉城。其余的日本兵和日本"慰安妇",则由中国政府负责,于1946年6月经由汉口、南京、上海、鹿儿岛,回到日本。

漫长的岁月过去了。但是,历史是一双永远不睡的眼睛。当"慰安妇"问题引起世人注意的时候,朝鲜政府立即作出了反应。1992年8月,朝鲜成立了由历史、法学学者与人权问题专家、政府专职调查员等组成的 "从军'慰安妇'及太平洋战争受害者赔偿对策委员会"(后文简称对策委员会),他们向全国呼吁:征集受害者证言;向加害者讨还名誉,政府支持赔偿要求。第一个征集到的受害者是12岁就被骗到设在庆尚南道昌原郡军需工厂慰安所的李京生老人。到1993年6月,去登记的女性共有131名,但愿意公开证言的,却只有34名——大部分的老人不愿意向世人揭示那鲜血淋淋的过去,那是她们从来也没有公开过的、永远无法愈合的巨大人生创伤。

朴永心老人,就是其中的一个。

坎坷人生

1993年,对策委员会的工作人员们,一个一个地上门去做工作,他们周全地安排老人的生活,从各方面给老人以社会的温暖。在朝鲜,由政府出面,负责"慰安妇"制度受害老人的生活照顾。

1946年,朴永心拿了当时韩国光复军总司令部给予的1500元钱,从汉城,一个人回到了平壤的家乡——南浦。那一年,她24岁。忐忑不安地踏上熟悉又陌生的小道,她找到自己的家。"啊!

这不是永心吗?"继母站在她面前,终于把她认了出来,一把抱住她,两人都痛哭出声。原来,永心的父亲已经故世了。

永心封闭住嘴,也封闭住心。她没有回答继母对她"这七年你都到哪里去了"的问题,默默地参加了药水里的劳动组合小组,到田里去干农活,以养活自己。"我这样的人,怎么还能结婚?"抱着这样的念头,她屡次拒绝继母好心的提婚。一直到1958年,永心32岁时,遇上了一位比她大五岁的郑姓男子,郑大哥以他父兄般的爱感动了永心,于是,永心有了一个家。然而,永心因为那六年战争的痛苦经历——因死胎而子宫摘除——已经不可能生孩子了。

永心依然没有告诉丈夫原因。丈夫开始总是说:"永心,给我生一个孩子吧!"她听了,心如刀绞。为了满足丈夫的愿望,她去孤儿院领了一个男孩做养子。可是,刚刚将孩子抱回不久——结婚后的第三年——丈夫就患了脑肿瘤。尽管进了平壤的大医院,请了有名气的大夫看病,但终告不治。至丈夫死,永心也没有说出她心里的秘密。

苦命的永心,从35岁起复又一人,就这样默默地把孩子拉扯大。

对策委员会的人第一次于1993年的夏天,按着登记簿上的地址找到朴永心老人的家时,老人正在田里做活。当她得知来人希望了解自己"慰安妇"经历的意图时,顿时就急了:"我一点也不知道你们今天要来!我虽然登记了,但我现在后悔了。我更不想公开证言。你们不要再和我提这样的话。快,你们回去吧!家里人来了,这像什么话!你们快走!"

委员们非常耐心。他们理解老人,现在和养子一家生活在一起,又有了小孙孙,为什么要让一家人和她一样面对这样的痛苦和屈辱呢？他们一遍一遍地向老人解释。直至第三次登门，老人才打破长久的沉默，含着眼泪，握着委员们的手说：

> 我真的可以有洗清自己冤屈的一天吗？……几十年来，我像个罪人似的过日子，和谁也不敢说自己的过去。多少次，我是在被日本人拿着长刀抹我脖子的极度害怕的噩梦中惊醒过来，开始一天的生活……我不想让儿孙知道，可是，我老了，再不说，就真的可能永无清白之日。我成为现在的样子，是因为我的国家被夺去过，没有了国家，我才会被日本帝国主义这样侮辱……我为什么还活着？为什么？如果我那时死了，就不会过这样痛苦的人生……

在我们调查的过程中，几乎所有的受害老人，都说过和永心老人同样的、令人痛彻心扉的话语！

"我就是这个怀孕的可怜人"

可是，日本政府就是冷眼相对这些老人，对受害者充满血泪的呼喊，充耳不闻。

与此相反，日本的民间组织，那些不代表任何党派势力的有良知的各阶层人士，竭尽全力，去探索事情的真相，希望矫正自己民族不正确的历史观。《怀孕的"慰安妇"》照片被发现后，引起了人们极大的关注。人们不断地提出疑问：它是不是在松山这个地方拍摄的？时间准确与否？这位怀孕的"慰安妇"究竟是谁？是哪国人？她最后的结果如何？这张照片又是怎样跑到美国

图 1-21　朴永心指着《怀孕的"慰安妇"》照片说："我就是这个怀孕的可怜人。"（中国"慰安妇"历史博物馆藏）

来的呢？

　　在朴永心公案的调查中，我们所知最为尽心竭力的日本朋友，是伊藤孝司先生和西野瑠美子女士。在各国各方的帮助下，他们确认了这一事实，并将之公布。（图1-21）

　　伊藤孝司从20世纪90年代初就开始涉足"慰安妇"的调查。十年之内，他的足迹就踏遍了东南亚，十数次的出访调查，仅朝鲜就去了五次。作为一个优秀的摄影师，伊藤记录和出版了一本又一本的幸存者资料。他曾于1998年去平壤采访，当时朴永心带着不信任的眼神打量伊藤，多次要打断话题，说："我不想与日本人说话。"2000年8月28日，日本《朝日新闻》刊登了一篇报道，报告《怀孕的"慰安妇"》"朴英深"还活着的消息，他立即再赴朝鲜，确认事实。2001年7月，他出版了《来自平壤的揭露》，这是我们所看到的最早有关确认《怀孕的"慰安妇"》主人公还活着的书籍。

西野瑠美子是日本的自由撰稿人，数个日本的民间组织，如"孩子和教科书全国网络"、"战争和对女性的暴力——日本全国网络"等的主要负责者之一，也是一位活跃在日本媒体和市民运动中的活动家。她还是日本"慰安妇"问题研究的开拓者之一，早在1990年她就开始涉足"慰安妇"的研究。1993年，她在明石书店出版了《从军"慰安妇"与十五年战争》一书，描绘了日军在缅甸等地实施性奴隶制度的轮廓，尤其记载了滇西之战中"慰安妇"的遭遇。

其实，早在1980年日本的每日新闻社出版的《一亿人的昭和史·日本的战史》"太平洋战争4"中，编撰者就发现并刊登了这张在战时拍摄的、珍贵的《怀孕的"慰安妇"》照片，但没有引起人们的注意。1984年，由月刊冲绳社编辑了独具特色的丛书《摄影中的太平洋战争史》，其中的《胡康河谷·云南之战》[①]一书，将《怀孕的"慰安妇"》作为封面登出，被当年云南战场上的老兵认出"一块在战壕里呆过"，而引起了日本社会对这张照片主人公的普遍关注，也引起了西野瑠美子的极大好奇心。1993年，日本左翼进步组织"战争和女性被害追究者联盟"首席代表西野瑠美子在采访从松山战场活着回到日本的老兵早见正则时，第一次知道了照片上这个"怀孕的'慰安妇'"

---

① ［日］森山康平：《フーコン·雲南の戦い》，池宫商会1984年版。

的名字叫作"若春"。为调查老人的经历，后来西野女士曾四入朝鲜，两下云南。

"战争和对女性的暴力——日本全国网络"是一个著名的女性团体，1998年由已故的日本女性社会活动家、原《朝日新闻》资深记者松井耶依发起成立。该团体曾于2000年，主持世界范围内的"对日军性奴隶制裁判的女性国际法庭"活动。为了准备这个法庭，从1998年起，中国、朝鲜、韩国、日本、菲律宾、印度尼西亚等国的学者、律师，各自调查和准备材料，每年碰头，交流情况。西野瑠美子在与朝鲜同道交流材料时，读到了朝鲜的对策委员会编撰的朴永心的证言："我在慰安所时，被称作'若春'，来的人都是日本的步兵、坦克兵。"她立即进一步搜集材料，发现早在1984年，老兵太田毅在他出版的《拉孟》①一书中提到："朝鲜人'慰安妇'中，有一个叫'若春'的22岁女子，本名朴永心，是一个会唱歌的、聪明的好姑娘。"

——那么，朴永心就是"怀孕的'慰安妇'"？也就是说，她还活着？

这是2000年5月间的事。筹备会议将这一发现回传给朝鲜的对策委员会，希望能够得到朴永心本人的确认。

委员们找到永心老人。先从当时的衣服、头发说起，发现她回忆得和照片上的差不多，然后，给老人看当时那组照片的其他人。老人看着照片，想了一会，指着照片上的水泥预制板壁说："这个我记得。"这是老人曾呆过一年的收容所的墙壁。于是，委

---

①"拉孟"，是日语对云南松山腊勐地区的称谓。本书中，对日军回忆，使用"拉孟"一词。

员们将那张著名的照片拿了出来。"奶奶，这是当时活下来的四个朝鲜'慰安妇'。军队的资料。活着的日本兵说，这个怀孕的'慰安妇'叫'若春'，是个唱歌很好听的女孩。"老人惊叫起来："在松山上战斗的日本兵，还有活着的？真的？"她再一次把目光投向照片，认出了自己。这是多么难堪和痛苦的一刻！老人全身无力，靠到了墙壁上，目光恍惚，眼泪不断地涌流出来。"是的，我就是这个怀孕的可怜人。……我不得已怀了日本兵的孩子，却摘除了子宫，生不出自己的孩子了！……这是什么样的痛苦！啊，每想到这件事，我……我的身体都要炸裂了！"

图1-22　东京审判日本军事性奴隶制度女性国际战犯法庭(民间)判决后，中方担任检察官(左起)的周洪钧、陈丽菲、康健、苏智良和龚柏华的合影。(管建强2000年摄)

东京法庭巧遇朴永心

2000年12月8日，日本、朝鲜、韩国、中国大陆、中国台湾、菲律宾、马来西亚、印度尼西亚、荷兰等国家和地区的民间组织发起了审判日本军事性奴隶制度女性国际战犯法庭（后文简称女性国际战犯法庭）活动。①

苏智良担任中国大陆代表团团长，华东政法学院的法学教授周洪钧担任检察官代表团团长，陈丽菲承担了琐碎的秘书长工作。（图1-22）代表团中的最年长者，是来自云南保山的民间奇人陈祖梁先生。

陈祖梁先生，云南腾冲人。腾冲人杰地灵，近代有李根源、艾思奇等栋梁之材辈出。陈氏为腾冲大姓，祖梁先生之先祖为腾冲名医。祖梁先生早年承祖业，在保山中医院悬壶行医，名声传扬；中年后入史林，从事史志之研究，又颇多建树。抗战时期，滇西地区遭日军铁蹄蹂躏，大轰炸、大屠杀和细菌战，使滇西民众生灵涂炭，家毁人亡。然时过境迁，随着时间的流逝、受害者的逝去，受害事实多已湮灭。祖梁先生铁肩担道义，矢志要将事实弄个水落石出，于是，十多年来，他跋山涉水，寻访史证。原日军性奴隶制度受害者李连春，居深山内，祖梁先生远涉百里，多次采证。退休后，他仍然一如既往地翻山越岭，调查研究。在滇西原日军占领区的数百平方公里的土地上，均留下了祖梁先生

---

① Women's International War Crimes Tribunal on Japan's Military Sexual Slavery.

走村访寨的脚印。祖梁先生不仅注重实地调查，而且与日本的进步研究者、律师等相交往，甚至寻访了日本老兵。当时我们涉足"慰安妇"调查凡八年，因此有缘与陈祖梁先生相识，多年来或信函往返，或开会时畅谈切磋，结下深厚友谊。当审判日本军事性奴隶制度女性国际战犯法庭中国方面组建检察官代表团时，苏智良推荐陈祖梁参与这一活动。

2000 年，陈祖梁曾交给苏智良三张他在调查过程中找到的裸体女性照片。

说起这三张裸体照片，是一个不知道姓名的侵华日军军人当年在腾冲拍摄的。拍照的时间大约是 1944 年春天，拍照的地点可能是腾冲城里的日军慰安所。也许，朴永心们正是在这家慰安所当性奴隶使用。照片上的女孩和她的同伴，一副无可奈何，任人摆布的姿势，周围脚下，散布着日式的衣物。特别是，她的那张单人照片，明显腹部隆起，大约有四五个月孕期的样子。

难道又有一个怀孕的"慰安妇"？

谁拍摄的裸照

这些裸照的保存和发现也非常偶然。它们一直保存在腾冲城的熊维元（1941 年生）家中。熊家原先是开照相馆的。1942 年，日本军队攻占腾冲城之前，照相馆的主人——熊维元之父熊龙匆忙逃离。由于走时非常仓促，所有的照相设备全部遗留在家中。两年后，中国军队收复腾冲，熊家人也回到旧宅。此时，旧宅中一片狼藉，四处可见木屐、和服以及大量尚未使用的避孕套。原来，日军把熊家的照相馆当成了慰安所使用。

主人一气之下，将这些物品付之一炬。少年时代的熊维元一次在墙壁上掏鸟窝时，居然从洞里取出一包东西，他赶忙递给父亲。父亲打开一看，是一包裸体照片的底片。父亲一把从孩子手里夺过这些不伦不类的东西，处理了大部分，而将三张底片搁到高高的橱顶上去，一来二去，就忘了这事。1986年，照相馆主人熊龙故世，没有人再提起它。

20世纪90年代后，国内对"慰安妇"的调查渐次展开，云南的调查工作最初主要是陈祖梁在做，受害幸存者李连春就是他发现的，报纸随即做了报道。看了云南"慰安妇"的报道后，已是中年人的熊维元忽然想起了那些奇怪的底片，根据家里房屋曾被日军占用过的情况，他估计是日军拍摄的。于是，1999年，熊维元将这三张保存了半个世纪的"慰安妇"底片翻拍成照片，提供给腾冲报社的记者李根志。李根志明白，这些是揭露日军"慰安妇"制度弥足珍贵的资料，得知陈祖梁正在调查侵华日军性奴隶制犯罪的情况，于是将照片提供给了陈祖梁，陈祖梁又提供给了苏智良，链条就这样连接了起来。大家推断，这些照片拍摄的时间在1944年春天，地点是腾冲，拍摄者应是一名日本军人。

为了进行调查与求证，作为代表团中国检察官之一的陈祖梁将这些照片带到了日本。审判日本军事性奴隶制度女性国际战犯法庭于2000年12月8日在东京九段会馆成立。各国60多名幸存者来到东京，这次活动成为十年间为"慰安妇"援助、要求日本政府认罪活动的顶峰。法庭的判决书指出：

本法庭的成立，是为了证明不起诉、不道歉、不赔偿不能使幸存者的呼声归于沉寂，也不能模糊这些反人道罪的罪犯的责任；本法庭的成立是为了纠正轻视、宽恕、边缘化和模糊对妇女的犯罪尤其是性犯罪，甚至这些情况对非白人妇女实施的更严重的历史趋势；最后，本法庭的成立是为了再次表达对这些勇敢但在晚年生活中痛苦挣扎的幸存者的支持，我们坚信日本政府承担起确定施于她们的罪行的责任，将有助于确保她们在平静中度过她们的余生，并希望和期待这种暴行将不再发生。法庭强调，这不是对日本人民的审判，应避免将违反国际人权法的个人责任归咎于集体犯罪，法庭不想偏离这个重要原则。

图1-23　朝鲜代表团证人朴永心走上东京女性国际战犯法庭作证。(张国通2000年摄)

巧合的是，"怀孕的'慰安妇'"——朴永心老人也来到了东京，来到了法庭上。她是朝鲜方面的幸存者和原告之一。法庭第一天的程序就是朝鲜与韩国的联合起诉，朴永心老人坐在主席台上，而经过确认的那张著名照片——作为铁的证据，在朝方起诉时，朴永心向法庭提供了"被害人陈述"，"怀孕的'慰安妇'"的照片被放映到了荧幕上。

来日本东京前，朴永心老人是下了决心的。她说："我活下来了。我要看看，看大家怎么审判，看日本会不会认罪？"但一到日本，看到来来往往的日本人，讲着她曾经熟悉又恐惧的日语，她就沉默了。待看到宾馆的日本式浴衣，她突然神情大变，脸色发了青，把同团的人吓得不轻，因为老人是有心脏病的。结果，她一天都没有吃饭。登台控诉的那天晚上，朴永心在自己的房间里痛哭了一场。她说："回忆过去在慰安所里不堪回首的生活，实在是太苦了，被日军士兵殴打和欺凌，难以用语言来表达。想起这些，我就无法入眠，无法进食。"（图1–23）

起诉时，陈祖梁坐在中国代表团的前排位子上，恰好正面对着主席台上的朴永心老人。细心的陈祖梁，看看荧幕上的大照片，看看台上的老人，发现怎么这样眼熟呢？忽然，灵光一闪，他拿出了这张怀孕姑娘的裸体照片。三方面对了又对，觉得朝鲜老人与裸体照片上的姑娘以及《怀孕的"慰安妇"》大照片上的姑娘十分相似。于是，陈祖梁便对苏智良说，这位老人很可能就是照片上的裸体女人，很可能就是"怀孕的'慰安妇'"。

"是吗？难道有这样巧合的事？"考虑了一下，苏智良觉得确实有可能。

图1-24　日军士兵在云南拍摄的"慰安妇"裸体照片。从照片上看,旁边的清式木凳是腾冲的用具,由此可以断定照片是在腾冲拍摄的。(陈祖梁先生提供)

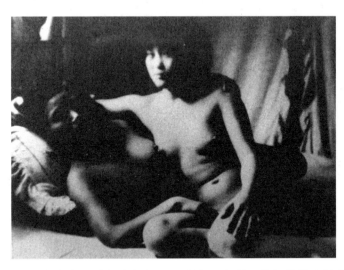

图1-25　在腾冲日军士兵的威逼下,朴永心与另一位姐妹被迫摆着姿势,让他们拍裸体照。(陈祖梁先生提供)

当时有日本右翼势力的严重干扰，除了会馆外围满了右翼大叫大嚷的宣传车，还有右翼分子对会场的潜入。由于当时的情形有一定危险，法庭采取措施，严格保护受害者，她们的房间不对本团以外的人开放。于是，苏智良设法在法庭休息时，拿着照片去拜访朴永心。为此，他首先希望得到朝鲜代表团副团长黄虎男的同意。好在苏智良与黄团长相熟，很快黄表示同意了。苏智良便取出裸体照片，用日语请教老人："对不起，请问，奶奶是否就是照片上的那位姑娘？"（图1-24、1-25）

朴永心是懂日语的，但"奶奶"一词，苏智良特地使用了朝鲜语HA LU MO NI。老人仔细辨认着照片，这张照片显得是那么的久远。她看着照片上年轻的姑娘，情不自禁地点点头，这时已泪

图1-26　2001年7月，苏智良到平壤再度与朴永心老人见面，并查实她在南京、云南等地受害的事实，这是在朝鲜的留影。（中国"慰安妇"历史博物馆藏）

流满面。她证实那张大肚子"慰安妇"照片和这张裸体照片中的"慰安妇"是同一个人——就是自己本人。当时，她已怀孕三四个月。当时，怀孕的朴永心被远征军找到时一直滴血不止，尔后被送往战地医院救治。经医生检查，她腹中胎儿已是死胎。

"经中国医生的手术，我活了过来，但孩子却死了。我的腹部还有很长的手术刀痕。"她忧伤地回忆说："几个日本兵当时把我和另外三四个'慰安妇'带到一个地方，然后强迫我们拍照……"

果然这是真的！怎么会这么巧？老人在云南的慰安所中被迫怀孕的经历，也被证实了！

这确实是一个让人震惊的例证。被强迫充当"慰安妇"，因性暴力而怀孕，又历经无数血战与磨难而存活下来——朴永心本人的历史几乎就是一部完整的日军"慰安妇"史，而且，一些重要的环节都有照片为证。

2001年7月，苏智良来到朝鲜平壤，再次见到了朴永心老人，并确认了她在中国南京等地受害的事实。（图1-26）

如果她能重返受害地进行确认，站出来指认并要求日本政府予以赔偿，对一直否认当年曾推行"慰安妇"制度的日本政府，将是一个沉重的打击。

中国、日本、朝鲜的史学工作者和NGO（非政府组织）的人们开始探讨请朴永心大娘重返当年受害地进行求证的困难性和可能性。

一位执着的南京人

这时，朱弘——一个留学日本的南京人出现了。

1963年，朱弘出生于南京。1982年考入北京广播学院电视系新闻摄影专业，毕业后进入江苏电视台工作。1991年留学日本，在东京大学研究生院美学艺术学专业进修。1994年起进入日本的公司就职，同时以"自由职业记者"的身份从事电视纪录片的创作。

朱弘并没有参与2000年关于审判日本军事性奴隶制度罪行的东京民间法庭活动，但他十分关注"慰安妇"这个女性人权的重大问题。早在1997年，他就对中国抗日战争中最成功的反攻战役——滇西抗战产生了兴趣，先后查阅了上百种中、日文书籍，并多次赴云南实地调查。当无意中知道了《怀孕的"慰安妇"》的主人公还活着的消息时，他以电视人敏锐的目光评估这一题材的价值。新闻工作者的敏感性，立即驱使他开始重视这个重大题材。于是，腊戌、松山、南京、朴永心……成为他研究的对象。

"从收集的资料看，有关她'慰安妇'生涯的证据非常多。也就是说，在众多起诉日本政府的'慰安妇'中，她能够胜诉的可能性最大。如果她起诉成功，将意味着'慰安妇'赔偿问题有重大突破。"朱弘认为，"她的'慰安妇'生涯是从南京开始的，但是，目前有关这一方面的证据却是空白。""我希望能找到相关的证据，把脱节的证据链连接起来。"

2002年9月，西野瑠美子与朱弘前往云南考察。他们拿着前述几张照片在保山市龙陵县腊勐乡的村寨反复寻访，最终意外发现了战时曾被日本人强征为苦力、战争结束时曾帮助过朴永心的当地战争亲历者——李正早。西野瑠美子当即将几张遮住下身的裸体照片和美军拍摄的《怀孕的"慰安妇"》照片让李正早现场辨认，李正早反复比照后，认为裸体照片中的一位女子就是另一张

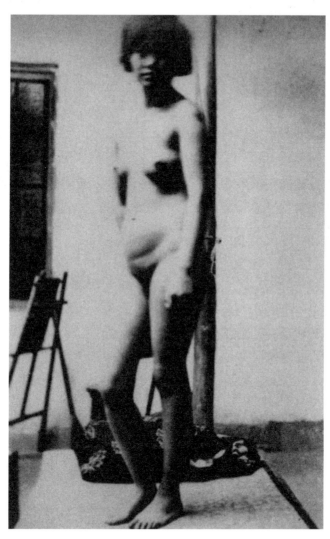

图 1-27　从这张照片可以看到,这名受害者已有身孕。她就是"若春"——朴永心。(陈祖梁提供)

图1-28　2002年12月12日,日本TBS电视台的节目现场,嘉宾西野瑠美子在讲述朴永心的苦难往事。(图片来源:西野瑠美子、日本TBS电视台)

照片上怀孕的"慰安妇"(图1-27),而这位"慰安妇"还是他在松山战役即将结束时发现的,李正早表示,"远征军反攻胜利后,我带着中国士兵到松山下的小溪里炸鱼,无意中发现了躲藏在草棚里的几个'慰安妇'。其中一个就是她"①。

2002年11月,西野瑠美子与朱弘拿着这几张裸照前往朝鲜平

――――――――――――

① 戈叔亚:《"慰安妇"照片讲述的沉重历史》,《华夏人文地理》,2003年第2期,第10—21页。

壤请朴永心老人再次辨认。12月1日，老人再次确认，这几张照片中的其中一位女子正是她本人。

经过短期的调查，朱弘制作了关于朴永心的专集纪录片。2002年12月12日，即南京大屠杀死难者国家公祭日的前一天，日本TBS电视台的权威新闻栏目《筑紫哲也NEWS23》播出了一期13分钟的新闻特集《一枚"慰安妇"裸体照片讲述的沉重历史》[①]，这就是西野瑠美子、朱弘参与调查的结晶。在偌大的演播室里，西野瑠美子讲述了"慰安妇"的苦难往事。朱弘还协助电视台设计了两张几个平方米的展示板，巨幅的裸体怀孕的"慰安妇"照片给人以视觉上的强烈冲击。这一期的访谈讲述了怀孕的"慰安妇"的历史，也提出了一些历史之谜。这期节目的收视率高达14.7%，远超过同时日本最著名的电视台NHK2%的收视率。日本公众得知，这张著名照片中那位怀孕的"慰安妇"竟然还活着，立即引起了轰动。（图1-28）

初战告捷，大大激发起朱弘的信心。2003年元旦过后，他来到上海，与中国"慰安妇"问题研究中心主任苏智良商谈，两人准备共同筹划邀请朴永心到中国重走战争经历之路的活动。

1月7日，朱弘赶至南京，寻访朴永心当年所在的慰安所遗址。朱弘将他的打算、他的困难，说给了《现代快报》负责人听，希望能得到《现代快报》的帮助，联手做好这个调查。

南京是一个了不起的城市。曾经的六朝古都，弦歌繁华之地，20世纪30年代末，被血洗为一座鬼城。1937年12月，日本军队攻

---

① TBS电视台节目的原名为：《元従軍慰安婦——一枚のヌード写真が語る重い歴史》。

入这个当时的国民政府所在地，疯狂地杀害手无寸铁的平民百姓达数十万，造成了震惊国际的"南京大屠杀"惨案。几十年来，这个城市的人民从来没有忘记过惨痛的历史教训。一切冲击中日历史真实的商业活动，总是首先在南京遭到迎头痛击。每年的12月，不管刮风，无论下雪，南京人总是默默出动，扶老携幼，追悼已逝，教育来者：懂得历史的来路，才能明白现在我们的道路走向。

《现代快报》用通栏文章登出《朝鲜"慰安妇"朴永心南京寻证》，向全市公告异国受难姐妹的心愿，以及此事的重要性。文章在结尾处这样写道：

寻找知情人

日本右翼企图否定日军曾经犯下的滔天罪行，而全世界爱好和平的人士包括日本的一部分正义人士都一直坚信历史不容抹杀，但因为一直没有有力的证据，加上日本以没有相关立法作搪塞，到目前为止，关于"慰安妇"的官司都是以败诉告终。很多当年受害的"慰安妇"，或者已经去世，或者是证据不足，更多的是受害者们害怕遭受他人的非议而不敢站出来作证。南京是当年日军设立慰安所最多、实施"慰安妇"制度最完善的大城市，但到目前为止，仍然没有能够找到一位愿意站出来作证的"慰安妇"。

朴永心老人尽管是朝鲜人，但她曾经被骗到南京做"慰安妇"，后来又被送往战争最前线，她本人是当年受害的"慰安妇"们的缩影，她的血泪之路和辛酸之路就是"慰安妇"们沉痛历史的轨迹，她一个人的身上集中了太多的历史，而且关于她的证据有很多很多，更主要的，她还活着，她是一个活的证人，而且是惟一一位勇敢地站出来作证的"南京慰安妇"。她的出现是对日本右翼最有力的打击。朴永心老人由于年事已高，加上对南京的环境陌生，在她的记忆中，对于南京的那段经历只有一些很不完整的片断。她只记得当年在南京的那所慰安所里，她被起名叫"歌丸"，房间是19号；那所慰安所是一幢三层的水泥楼，附近有水，但究竟是河是湖还是江她都记不清了；她当时住在楼上，但究竟是二楼还是三楼也记不清了，只记得窗户朝北，从窗户处往外眺望，可以看见附近有兵营，有军人进出，还有铁丝网；在慰安所的对面，有一个日本人经营的寿司店，店面很小，是个两层的小旧楼；当时慰安所里有中国人进出，主要是杂役，有男有女。老太太对中国人的印象极佳，她说："中国人很温和，对我们这些可怜的女子非常友善。"此外，她还隐约记得这所慰安所叫Kin Si Yi楼（这是日文发音，翻译成中文可能是近水楼、锦翠楼、金水楼或是与这些音相近的楼）；此外，里面的"慰安妇"几乎都是朝鲜人，按当时惯例，极有可能会被称为"高丽窑子"。

中国的研究学者此次专门来到南京，希望南京的父老乡亲能帮忙寻找那段历史中的珍贵资料。因为朴永心老人这种典型的"慰安妇"活着的例子，全世界几乎很难再找到第二个，如果能找到朴永心老人当年所在的慰安所，老人的历史就完整了，关于"慰安妇"的历史也完整了，而日本政府也无法再掩盖其曾经犯下的滔天罪行，他们必须对受害者们负责，向世人谢罪，给予受害的人们应得的赔偿。

图1-29　朱弘与朴永心老人在一起。(中国"慰安妇"历史博物馆藏)

亲爱的读者们，如果你或你的长辈对这件事还有一些记忆的话，请给我们提供线索，热线电话：(025) 4783566。[①]

在南京《现代快报》登出以上文章后，热心的南京人动起来了。他们互相转告，了解线索，争先恐后地将哪怕是一点点有价值的消息告诉《现代快报》。以下是一些报端记载的情况：

读者争相提供线索声援朴永心老人

快报昨日的特别报道《朝鲜"慰安妇"朴永心南京寻证》勾起了众多南京人的痛苦回忆，大家更为朴永心老人勇敢站

---

① 韩晓蓉文，南京《现代快报》2003年1月18日。

图1-30　在南京发现的华月楼慰安所内的《慰安所规定》,可惜这块已
残破的告示牌还是没能保存下来。(南京师范大学张连红教授提供)

出来作证的义举所深深折服,知情人争相拨打快报热线,大
家都想用自己的实际行动来声援朴永心老人。

知情人争相提供线索

77岁的姚正老人在电话里泣不成声:"每提一次痛苦的过
去,就好像在伤口上又撒了一把盐。"在日军攻陷南京后,当
年才12岁的姚正老人被迫充当日军的苦力,他清楚地记得,
当时在下关惠民桥一带,有大大小小很多的慰安所,日军三
三两两、歪歪倒倒地从慰安所里出来,他多少次在心里狠狠
地骂:"该死的日本鬼子。"

昨天打来电话的知情人中,有不少是70岁以上的老人,

他们都在竭尽全力回忆当时的情况，但因为年代久远，加上现在很多地方经过拆迁改造已经变得面目全非，老人们只能说出一部分情况；还有不少中年人昨天也打来电话，他们对过去的记忆一般来自父母亲或者是当年学艺的师傅，而这些长辈们大多数已经去世。

线索中有令人惊喜的发现

昨天知情人所提供的线索，地址主要集中在下关区（包括盐仓桥、惠民桥、大马路等）、白下区（包括大行宫、杨公井、白下路、利济巷、常府街等）、秦淮区（包括金沙井、夫子庙）、玄武区（相府营、丹凤街、成贤街等）、鼓楼区（三牌楼等）。在这些线索中，有相当一部分符合朴永心老人所描述的情况，比如据胡先生提供，在科巷一带，他的师傅曾经开了一个糕点店，在糕点店的旁边就有一家日本人开的寿司店，再比如据齐老先生所提供，在成贤街68号，曾经有一个三层的水泥楼，楼的后面是珍珠河，楼的前面有一个水塘，三层楼的对面大约80米左右的地方，有一个二层的小楼，这些情况与朴永心老人所述也极为相像。此外，据郝先生提供，在文昌巷，有一个叫作"菊水楼"的地方，与朴永心老人所讲述的Kin Si Yi楼（日文发音，翻译成中文可能是近水楼、锦翠楼、金水楼或是与这些音相近的楼）比较相似。南京人的热情让研究此事的学者们非常感动，他们决定根据知情人所提供的线索前去寻找，争取早日让朴永心老人的历史变得完整。

专家介绍南京目前发现40多所慰安所

据南京师范大学南京大屠杀研究中心的张连红教授和经盛鸿教授介绍，这几年来，他们研究中心为了调查南京"慰安妇"的情况，走了很多地方，掌握了很多证据。经研究发现，到目前为止，南京一共发现慰安所40多个，其中已经明确界定（包括具体地址、人证、物证）的有26处，具体包括：皇军慰安所、日军亲善馆（夫子庙有4处）、故乡楼慰安所、大华楼慰安所（白下路213号）、共乐馆慰安所、浪速慰安所（桃源鸿3号）、东云慰安所（利济巷普庆新村）、浪花慰安所（中山东路）、菊花馆慰安所（湖南北路楼子巷）、青南楼慰安所（太平北路白菜园）、满月慰安所（相府营）、鼓楼中部慰安所（鼓楼饭店）、人民慰安所2处（贡院街海洞春旅馆和市府路永安里）、惠民桥升安里慰安所、傅厚岗慰安所、上军南部慰安所（铁管巷四达里）、上军北部慰安所（山西路口）、四条巷慰安所、下关慰安营、龙潭慰安所、科巷洋屋、水巷洋屋等。

两位教授昨天仔细看了读者们拨打热线所反映的情况后，得出结论：热心读者们所提供的20多个慰安所的地点与他们这些年来所研究的地点有不少是吻合的。

欢迎拨打热线电话（025）4783566，请您帮助寻找当年的慰安所的具体位置。

在《现代快报》记者以及广大南京市民的帮助下，朱弘和其他中国学者一起历尽辛苦，发现和确认了诸多有关南京慰安所的宝贵历史资料，夫子庙、中山东路、下关……这些都是曾经开过慰安所的地方。有关朴永心成为"慰安妇"的一段历史由此越来越明晰。

朱弘的活动得到日本学者西野瑠美子的全力支持与配合。西野瑠美子非常希望促成朴永心老人重返中国的活动。这进一步加快了联合调查的进程。

2003年3月，朱弘再次来到朝鲜。当朴永心老人目不转睛地盯着南京慰安所遗址的照片，盯着那家和自己呆过的极为相似的房屋，喃喃自语道："居然还在啊！我好像见过，都见过！"

老人的情绪开始激动，眼睛开始发红。朱弘害怕老人情绪过于激动，赶紧转移了话题，但老人当时那种浑身有些颤栗的反应令他感触颇深："老人确认了自己在一生中最美好的时候被欺骗、受苦受难的地点，这个地点就在南京！"老人是勇敢的，她甚至不怕在中国的痛苦回忆会威胁到她的生命。当谈到来中国之事，她的亲人关心地提醒她："来到中国，可能会回忆起许多当年痛苦的经历，极有可能被激怒。"这种刺激会成为对老人健康最大的威胁。对此，老人十分平静地表明了态度："我一定要去，我一定要多活几年，我要去找当年的慰安所！"

在朱弘、西野瑠美子、苏智良等人的积极推动下，朴永心老人重返中国、确认受害地的活动正式拉开了序幕。

第二章
从平壤到南京

让朴永心一辈子刻骨铭心的是，在南京，她的人生轨迹开始改变。被押送至外国的一个城市，每天遭受日军官兵无休止的蹂躏，性奴隶的苦难与耻辱从此相伴终生。

"在南京，我被叫作歌丸"

1939年8月，朴永心被送到了南京市中心的一家慰安所，从此开始了日军"慰安妇"的苦难。

这家慰安所是由一对日语说得非常流利的朝鲜人夫妇管理的，他们住在一楼，朴永心等住在二楼。第二天，朴永心被叫下了楼，剪去齐腰的长发，然后脱下朝鲜服装，换上日本的和服，梳上日本发式，并被告之：以后必须学说日本话，不准用自己的姓名，新的名字，叫"歌丸"。

"我的名字叫歌丸？不！"一直处在惊恐之中的女孩终于忍不住叫了起来："我是朝鲜人，我的名字叫朴永心！我改了姓名，家里人怎么找到我？"她止不住地哭叫，惹怒了这对夫妇，长得又高又大的男人一把抓住她的头发狠命地殴打："照我说的去做！"

以后，朴永心才知道，这样的毒打，是家常便饭。在慰安所里有"体罚屋"，谁不听话就要被关进去，反绑两手，遭受痛打。

图2-1　朴永心与养子在平壤。(中国"慰安妇"
历史博物馆藏)

最初，不堪忍受日本兵折磨的朴永心一直反抗，被日本兵向老板
告状，于是被老板关进"体罚屋"，打得皮开肉绽。

　　有一次，来了一个凶狠的日本兵，朴永心不堪耻辱，无论如
何不肯照着做，暴怒的日本兵"唰"的一下抽出军刀，冲着朴永
心哇呀乱叫，忽然刀锋从朴永心的脖子上掠过，鲜血顿时涌流出
来。着了慌的日本兵赶快撕了一条布包扎伤口，但伤口比较深，
鲜血大量涌流，朴永心几乎昏死过去，整个慰安所都被震动了，
大家抬着朴永心赶紧送往附近的中国人开的诊所，请医生救人。

半个多世纪过去了，朴永心的脖子上，还留着五厘米长的刀疤。

恶劣的环境，反复的折磨，让17岁的女孩子稚嫩的心完全僵硬了。朴永心当自己已经死了，活着的，不过是个玩偶。生了孩子的话，孩子大人都不得活——她们知道有一个姐妹就这样失踪了——老板每周领她们检查有无性病，发避孕套，吃红色膏状的避孕药。白天，接待士兵；晚上，接待将校。自己的照片被挂在墙上，19号，任人挑选。挑定了，将买好的牌子给老板，日本兵就进了房间。每到周末，大量的日本兵会涌进慰安所，女孩子们根本没有休息的时间，只有在吃饭的时候，才能松快一点。虽然她们吃的大多是苞谷、粗面，但终于可以摆脱日本兵一会，也可以和姐妹们偷偷儿地说上一两句家乡话。但是，周日忙起来的话，只能吃残饭冷汤。后来在武汉生活的朝鲜受害者河床淑老人——当时的日本名字叫"君子"，也曾这样描述过她们在慰安所每至周日的受害情景。

还在发育时期的身体，怎么抵挡得住饥饿？朴永心常常饿得头晕眼花。由于营养不良，她显得面黄肌瘦。

慰安所里雇佣的苦工，都是中国人。看着这些可怜的异国小姑娘如此受罪，心里很是同情。有一天，一个中国人瞒过老板的眼睛，把一个还热着的大烧饼塞给了小"歌丸"。他用中国话连比带画："快吃！到没有人的地方去吃！"后来才知道，原来他是饼店里的人，直到现在，永心老人还记得这个中国人边晃身体边摇手的样子。有时，小"歌丸"甚至可以吃到中国人悄悄带给她的柿子。在厨房里做饭的中国人，更是有机会就把食物留下，偷偷地给那些受苦的女孩。讲起这些善良的中国人，朴永心心里充满了感激。她也常常看到日本兵在厨房不知为了什么缘故就对中国人拳打脚踢，打得人都站不起来，心里因此非常难过。她知道，大家都是受日本人的苦。于是，虽然语言并不相通，但朝鲜"慰安妇"和中国苦力之间，却相互同情起来。

朝鲜"慰安妇"得到中国人照顾的典例，当数生活在孝感大黄湾村的毛银梅老人。她原名朴车顺，朝鲜全罗北道人。她回忆当年的受难之地便是武昌，且离黄鹤楼不远（也许就是斗级营）。1945年日本人投降后，她流落到孝感的街头、乡村。大黄湾村的人们同情她，"一个外国人，受鬼子的欺负，人生地不熟，比我们更难哪！"乡亲们收留她，照顾她，一位老实的农民后来又娶了她。20世纪50年代，她被作为侨民，受到政府的特殊待遇，三年大灾荒、困难时期，她和当地的高级干部同等待遇，可以领到糖和黄豆等营养物资供给。到我们调查访问她的时候为止，中国丈夫已经过世了，大黄村的人还在照顾着她，村支书黄太平，从爷爷、爸爸的手中接过扁担，一如既往地包下了她家挑柴、挑水的任务。我们坐在她家干净的堂屋里，她对我们说："我崇敬毛主席，所以我姓了毛。我们朝鲜人喜欢白色，我的丈夫喜欢梅花，所以我给自己起名叫银梅。我愿意做中国人，下一辈子，我还是要做中国人的媳妇。"[①]

永心，也一样遇上了善良的中国人。

永心常常一个人哭。在听到江对岸火车的汽笛声时，她就想着：这列火车是不是就是拉我们来的呢？在受到日本兵欺凌的时候，她更是一边流泪，一边在心里喊："我要回家！我要回家！"

[①] 苏智良、陈丽菲2000、2003、2006年采访毛银梅老人的记录。

图2-2　毛银梅原名朴车顺，故乡在朝鲜。战时被诱骗到南京、武汉充当"慰安妇"，战后与中国农民结婚，定居在孝感。（苏智良2000年拍摄）

　　一天，她又含着眼泪了。有一个中国人悄悄地塞给她一个小小的纸包。这个中国人稍微懂些日语，对她说："给，这是鸦片。你把它放到香烟里去吸。吸了以后，你的烦恼就会没有了。"永心将信将疑，回房后照着他的话做了。果然，永心觉得自己的身体轻了起来，一直浑身酸痛的感觉神奇地消失了，她居然酣畅地进入了梦乡。"太好了！你还能给我带点来吗？"于是，隔一段时间，他又给永心一小点。到后来，永心就把它当作一件大事，拜托中国人了。从此以后，永心就有了鸦片瘾。老人回忆到此，说："如果没有鸦片烟，在慰安所的日子，是活不下去的。"直到35岁在平壤结婚的时候，她才戒断了鸦片瘾。

在南京，这样的慰安所，密布全城。

南京的慰安所

从20世纪90年代中期开始，我们与南京大学的高兴祖教授，以及侵华日军南京大屠杀遇难同胞纪念馆和南京师大等机构共同进行了南京慰安所遗址的一系列调查。到目前为止，有经田野调查和资料分析考证，日军南京慰安所达70个。[①]从慰安所的分布情况看，大多建立在当年的繁华地段，如新街口、鼓楼、山西路、太平南路、夫子庙、下关等地。

1937年底，一位中国军人在南京躲过了大屠杀，他被日军作为平民征用的过程中，目睹了日军慰安所的内幕。

我（1938年）元月初才从滁县附近逃出来，去年12月26日以前，我一直留在南京，并且有十多天一直被扣留在敌营里。

南京，从去年12月9日到13日，在炮声、炸弹声、烟与红焰中，毁灭了，陷落了。

我本是某某队通信营里的小某长，13日没有走得及，于是在一家没人的铺子里被停了。那时我没被杀掉，是因为我已换了便衣，只独自一个人，并且没有在街上，偏偏敌人要找水夫，这样我才被押着走了。走在街上，真是难过，路上东一个西一个，都是我们同胞的尸体，我不敢多看，偏又不

---

① 苏智良、张建军主编：《南京日军慰安所实录》，南京出版社2017年版。

图2-3 在南京大学高兴祖教授的带领下,苏智良来到南京傅厚岗调查,这里是日军慰安所旧址。(苏智良1999年摄)

自主地偷眼细看,哪里还能看得清楚!多半是一堆血肉棉衣在一起模糊着,肚皮被扒开了,小便也割了去,后来才知道,敌人把挖了割了的东西,卖给浪人,还可以得几个钱呢。

后来走到一所还略微像个样子的院子里,门口贴个白条子,也不晓得上面画的是什么,另外还挂了一面太阳旗。里面有几个同胞,袖子上带着一块白布,布上面有些记号。不久我也带上一个,这就是我们的护身符。我又在南京停了十多天,没有遇到危险。26日,敌军又往江北开拔,那时一个敌兵拔出手枪,预备给我来个"临别纪念",真是我的命好,忽然最初俘获我的一个官佐,给他打了个招呼,摆了摆手,于是又把我带到江北滁县附近,另一个与我一起的妇女没几天就死了，还是我把她埋了的，那天晚上他们把我关在屋里，又出去寻女人了，我才得破窗逃出。

被俘的那天下午，整整抬了半天水，说也奇怪，敌人有张地图，上面有些圆圈，谁知道那就是水井的位置，自来水当然早坏了，可惜我们没把水井填住。第二天早晨我又被迫担洗脸水，一个敌兵让我把水提到后院里，又让我往屋子里送，我不明白，他就又踢又打，等我明白了，我只好往屋子里送，我方才走进去，便一眼看见了两位女同胞掩着一条毯子，躺在那里，两个满脸横肉的"皇军"官佐，一个人穿一件女衣在相对狰笑。我很快放下水桶，昏着脑瓜走出来了。后来我见得多了，才知道可怜的女孩子们，就是在大白天，也那样穿衣服呢！

又是一天，敌人伙夫同我渐渐熟了，午饭后，他笑得大张着嘴，露着牙，拿一张照片给我看，上面明明是大江，水里漂满了浮尸！这不用说又是敌海军和空军对难民攻击的"战绩"了。

一批女子被赶进来了，她们的父兄、丈夫和儿女，那当然不用说了。黄昏时分，我见两个裸体女尸被拖了出去。不分白天夜晚，总是听到哀号和嬉笑，日子我还记得很清楚，因为我是度日如年，到6号那一天，我们要搬了，这次走到街上，黑烟红焰……有的是反抗暴行而被敌军剖腹，手臂上都是伤痕。十个总有八个是肚子被剖开的，肠子挤到外边来了，还有几个母亲和血污的胎儿躺在一起。她们所以裸体的原因很简单。他们活着的时候，"皇军"还不让她们穿衣服，死了不给她们开膛破肚子就是好的，还会把衣裳给她穿上吗？这

图2-4　南京鼓楼慰安所旧址,现在已被拆除。(苏智良摄于1999年)

些女尸的乳部,不是被割了去,便是被刺刀刺得血肉模糊,这明明是"皇军"对于已经死了的女人还要再来一番侮辱!①

记录南京大屠杀史料的《拉贝日记》,也有关于"慰安妇"的描写。当年德国纳粹在南京的负责人拉贝发现:"现在日本人想到一个奇特的主意,要建立一个慰安所。"1937年12月25日,拉贝又写道:"日本命令每一个难民都必须登记,登记必须在今后10天内完成。难民共有20万人,这可不是一件容易的事。第一件麻烦事已经来了:已有一大批身强力壮的平民被挑选了出来,他们的

---

① 汉口《大公报》1938年2月7日。

命运不是被拉去作苦力就是被枪决。还有一大批姑娘也被挑选了出来，为的是建立一个大规模的士兵妓院。"①

亲历战争的日军士兵也证实了这种情况。1915年9月出生的泽田小次郎，当时在第16师团步兵第33联队第1大队某中队指挥班。他说，战时上司的命令，"扫荡"的首要目标就是寻找妇女。

我想，无论哪里的部队，当时只要是最先冲进了城，就肯定干得很彻底。强奸妇女、征发物资、杀人什么的，恐怕任何一个部队都做过吧。因为，我们这边也必须生活下去。

我想，强奸妇女的行为相当普遍。战役结束后去"扫荡"，我们有的士兵被中国人扔进小河杀死，有的被扔到水井里。也就是说，一两个人去征发妇女，反而自己被干掉了。妇女不大出现在第一线上，"扫荡"的时候却到处都能见到。可能是战争一结束，她们就回到后方来了的缘故吧。妇女们经常躲在旱地里。有时候你一拿起水缸的盖子就能看到有女的躲在里面。我们的士兵好像是经常在这些地方发现她们，然后把她们强奸的。南京进攻战当中，大家一发现稻草堆就放火，里面就有妇女跑出来。战争发展成那么大的规模，所有的事情都能够想象得出来。那和两三天的战役不一样，时间长，休息时间也长，休息期间给人的感觉是随你怎么玩都行。部队一驻扎下来就马上去附近的村庄进行征发。"扫荡"的话，首要目标是妇女。我们这边尽是男人，而且又都是20

---

① [德]约翰·拉贝：《拉贝日记》，江苏人民出版社1997年版，第285、279页。

图 2-5　卢清子是朝鲜大田市的农民,17岁的一天,正要步入洞房的她,却突然被送往中国前线,成了日军的性奴隶。(伊藤孝司:《無窮花の哀しみ》)

来岁的年轻人,所以事情也是很容易想象的。

慰安所被认为是士兵所必需的设施。部队刚驻扎下来不久,就有"从军慰安妇"带了过来。如果没带过来,就会对居民犯罪了,所以我想,他们是为了防止不好的事情发生而被带来的。慰安所是部队驻扎下来后10天或15天设立的,南京城内热闹的地方就有过。下关也许没有。虽然我们联队没在城内干过,不过我想胁坂部队附近肯定有过。虽然没有亲耳听说,但是想来一般是设在部队附近的。慰安所到处都有,分不清是哪个部队设立的。"慰安妇"当中有朝鲜人，也有日本人。一旦治安好转，日本妇女也会不断进来。部队里要去慰安所的人每天都有。我们中队没有慰安所。我当时还认为"慰安妇"是由专门负责慰安所的部队带来的呢。我也不知道他们从什么样的地方把人给拉来的。[①]

去慰安所就像领配给品

1915年1月出生的秋山源治，攻占南京时为第16师团步兵第33联队第1大队士兵。他回忆说，那时，去慰安所就跟领配给品一样。

我们在难民区也发现了姑娘。姑娘的征发，刚开始是闯进房子里搜查，一旦发现女的就干了。

攻陷后过了10到15天，我去了难民区。到了那里，我就说"剩饭跟×交换"。当时我是连锅端着去的，所以就说跟这个交换。跟女人，你就说："饭、饭、性交。"或者"×，交换。"这么一来，女人就说把那剩饭给她。房子哪里都空着（很多人逃走了），所以我说一声"走吧"，就干了。那时候局势已经稳定下来很多了。

攻陷的时候，我们抓住女人就干。

南京慰安所很多，我也去过，里头尽是中国人，也有朝

---

① [日]松冈环：《南京战·寻找被封闭的记忆——侵华日军原士兵102人的证言》，新内如、全美英、李建云译，上海辞书出版社2002年版，第345—346页。

鲜姑娘。我们付的是军票。慰安所在大马路上有很多。费用很便宜，所以我每个月起码去两三回。军营专用的慰安所在别的地方，那里是朝鲜女孩子。

人一住下来就要这里那里到处走。当时那场面就跟领配给品一样。慰安所排成了一大溜，然后士兵就在那儿排成了一长排。我们完事了就说"交接、交接"。当时里头中国女孩子很多，都是城里的女孩子，南京的女孩子，当中也有形势稳定下来以后父母带她上慰安所来的。为了吃饭，没办法呀。①

南京有不少被日军征用来为其服务的朝鲜妇女。朝鲜少女吴娱穆原在东北地区征为"慰安妇"，后随日军南下，被迫转移到南京，继续遭受"皇军"的蹂躏。她所在的慰安所，设在一户南京当地人的住宅内。慰安所门外挂着一块牌子，但写着什么吴娱穆已记不清了。慰安所里有五个女性，除了她还有富木子、正子、文子等，后来活下来的只有吴娱穆和富木子两人，其他人均因患病无药可治而亡。军人进入时，管理者一定要"慰安妇"用日语说："请吧！""欢迎！"房间里只有床和镜子。"慰安妇"还要接受训练。当时，"慰安妇"们要披上"国防妇人会"的绶带，戴上帽子，穿黑色的日本式宽松裤接受军人的命令，进行训练。这个慰

<hr>

① [日]松冈环：《南京战·寻找被封闭的记忆——侵华日军原士兵102人的证言》，新内如、全美英、李建云译，上海辞书出版社2002年版，第106-107页。

图2-6 许多朝鲜的年轻女子被强迫加入"挺身队",被送到中国,成为日军"慰安妇"。(中国"慰安妇"历史博物馆藏)

安所一直经营到战争结束。[①]

朝鲜女子朴娥姬, 1945年被诱骗到中国, 当时慰安所老板带着她们乘军车到达南京。她们被送到一个饭店, 这里已成为了慰安所。据她的证言, 平日来慰安所的官兵不是很多, 但一到周末, 光顾慰安所的日军就会剧增, 有时一名"慰安妇"常常要遭受二三十人的轮番折磨。

这一情况还可以得到日本老兵的证实。在南京时, 安藤猛治

---

① [韩]韩国挺身队问题对策协议会、韩国挺身队研究会编:《被掠往侵略战场的慰安妇》, 金镇烈、黄一兵译, 中国文史出版社2001年版, 第51页。

是第16师团步兵第33联队的炮兵。他回忆说：

> 南京有慰安所，常去。那时朝鲜人很多。我们去玩的地方就有朝鲜人。当地的人不知道那里在干什么。那里普通的房子，每间房子都接待士兵。慰安所具体在南京的什么地方不清楚。征发姑娘，那样的人有吧。悄悄地溜出去，没人知道；悄悄地拉进来的也有，那有吧。都是精力充沛的年轻人。①

曾参加侵占南京的冈本健三回忆说：

> 强奸事件，并非传说，而是确有其事。……长官们只是交代大家，要是搞了女人的话，就得当场杀掉她，最好把她捶死。这样的交代，想必是为了在事后使别人搞不清楚究竟是什么人干的。而且干坏事的，不只是一般士兵，有些官长还带头去干，比较凶的中队长、大队长甚至在攻向南京途中，都带着女人跟着走，每天晚上供他泄欲。②

日军颁布的慰安所规定

日军在南京下关设有兵站，指定特种慰安所，其规定如下：

---

① [日] 松冈环：《南京战・寻找被封闭的记忆——侵华日军原士兵102人的证言》，新内如、全美英、李建云译，上海辞书出版社2002年版，第217-218页。

② 《参加杭州湾敌前登陆》，《中国》1971年8月号。

一、每个兵站慰安所内的特殊妇女每隔5日必须接受宪兵分队兵站支部医官的检查。

二、检查结果不合格者需到特殊治疗所接受诊治，未经许可严禁接客。

三、每名慰安妇的检查结果均应有记录，全部检查结果应汇编成册以便随时检阅。

四、慰安所开放时间规定如左：

兵：上午10时至下午6时

官：上午10时至下午9时

五、慰安所使用价格规定如左：

兵：一圆（一次30分钟）（每延长30分钟追加五十钱）

校：三圆（一次1小时）（每延长1小时追加二圆）

高等官：三圆（一次1小时）

官：判任官以下：一日圆五十钱（每次30分钟）（每延长30分钟再追加价钱）

六、使用指定慰安所的人员必须付费，领取和使用避孕套，而且事后必须到洗涤室清洗。

七、除军人和辅助军人外任何人不得进入特定慰安所。

八、严禁携带酒类进入指定慰安所。

九、严禁酗酒者入内。

十、不得进入所认定购买号码以外的慰安室。

十一、不按规定使用避孕套者严禁与慰安妇接触。

十二、不遵守本规定及违反军纪者勒令退出。

昭和十四年三月六日（1939年3月6日）

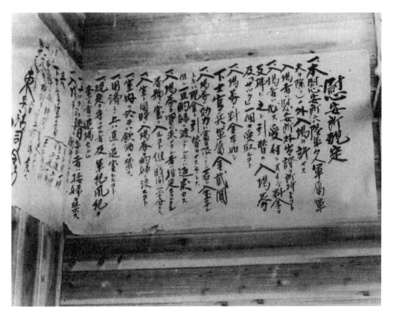

图2-7　这张贴在上海杨家宅慰安所的规定,落款为(上海派遣军)东兵站司令部,麻生彻男军医在1938年1月拍摄的这张照片告诉世界,"慰安妇"制度是由日本军队策划并推行的。(麻生彻男:《上海より上海へ》)

类似的慰安所规定非常多,1938年1月由上海派遣军兵站司令部张贴在上海杨家宅慰安所的规定,成为日军在各地建立慰安所所颁管理条例的范本。(图2-7)

裴足间在南京的遭遇

朝鲜女子裴足间与她的姐妹原来在杭州被迫做性奴隶,1940年左右,被安排回到上海,然后经过南京,到达附近的陈村。陈村十分偏僻，前往陈村的道路很不好走，有时可以骑马，更多的是步行，但途中有日军照看。陈村慰安所与日军的营地相距不远，步行约10分钟。"慰安妇"有30多人。裴足间在进入陈村慰安所之后，亲眼见过又有大约10到15个女人被陆续送到这里来，她们的年纪都比较大。陈村慰安所的建筑也是日本人从中国人那里抢来的，是个两层建筑，比较简陋，房间的地上铺着木板，没有床。后来，有的日本兵偷偷地弄来一些木板，帮"慰安妇"做了能够睡觉的床。没有被褥，"慰安妇"们只能自己动手，将秸杆塞进棉袋里，做成褥子使用，还有的日本兵给"慰安妇"送了黄绿色的毯子。但也不是所有的"慰安妇"都有床板睡和毯子盖的，如果有哪个军人给某个"慰安妇"送来木板、毯子什么的，说明这个军人喜欢那个"慰安妇"。之所以会发生这样的事情，是因为驻扎在偏远的陈村周围的日军部队都很少转移，和"慰安妇"们相处长了，就产生了感情。

裴足间在陈村慰安所呆了两年，她的编号是"5号"，日军官兵都叫她"春子"。从早上9时到晚上12时，是"慰安妇"的"工作时间"，其中早上9时到下午5时接待士兵。按规定，士兵们在"慰安妇"的房间里只能待10分钟到20分钟，接着就换一个人。"慰安妇"每天要接待三四十个军人。一天下来，"慰安妇"的房间里堆满了用过的避孕套和手纸。

"慰安妇"必须每个月到医院去接受一次性病检查。医院就在日军部队里，因此步行就可以去。去医院之前，管理者先给"慰安妇"们每人发一个木牌，便于进去后使用。木牌上写着"慰安妇"的编号。"慰安妇"们也有日本领事馆颁发的慰安所居民证，这种居民证的形状很像后来的身份证，上面贴着照片，写着身份和年龄。只要带着这个证件，"慰安妇"在日军中乘车、看病都是免费的。

在陈村慰安所里，日本兵有时会给"慰安妇"一些小费。每个月"慰安妇"还可以休息一天，"慰安妇"如果有些钱，就在休息天到附近的中国人或日本人经营的饭馆里，买一碗荞麦面吃，或者喝些酒。酒是宣泄自己愤懑和怨气的唯一途径。所以裴足间有时也喝酒，借着酒劲把平时积累的对日本兵的不满、对故乡的思念发泄出来。有一次，她还与慰安所的管理者大吵了一场。每逢中秋和春节，"慰安妇"们就因为想家和思念亲人而大哭不止。

陈村位于南京郊区的农村，日军不像大城市的军队那样频繁调动，军人的数量也不是太多，因此，每个"慰安妇"都有几个很熟悉的日本兵，而且关系保持了很长时间。给裴足间印象最深的是石川，他曾经对裴足间许愿，说战争结束后，会帮助她结束"慰安妇"的生活，然后与她结婚。这成为裴足间在这个中国农村慰安所里得以支撑的精神支柱。但不幸的是，石川后来被调往其他地方，石川曾给裴足间写过几封信，但不久就杳无音信了。

有一次，一个日军士兵要求裴足间送他一张照片。裴足间身边没有照片，就将居住证上的照片撕下来给了那军人，然后再找一张照片贴到居住证上。但在定期更换居住证时，发生了麻烦。日军认为照片上的印章不对，从而认定裴足间是个间谍，南京的日本领事馆为此曾传唤裴足间和管理者，最后管理者还写了"悔过书"，检讨自己违反规定，管理不严。

裴足间在陈村慰安所印象最深的一件事是：有一次，中国抗日部队突然冲了进来，把日本兵几乎全都杀了，"慰安妇"们害怕就跑到森林里躲了起来。白天，日军的飞机飞临，扫射轰炸，到了晚上，"慰安妇"们都恐怖地抱头痛哭，这种情况持续了好几天，后来又来了日本兵，情况才恢复了原状。①

朴永心所在的利济巷

根据朴永心老人的回忆，中国方面的研究者们认为，她当年很可能就在利济巷慰安所。我们于是对利济巷慰安所遗址进行了系统的调查，并取得了一些进展。（图2-8）

图2-8　日本学者西野瑠美子、中国旅日自由记者朱弘在南京利济巷慰安所前调查。（中国"慰安妇"历史博物馆藏）

①［韩］韩国挺身队问题对策协议会、韩国挺身队研究会编：《被掠往侵略战场的慰安妇》，金镇烈、黄一兵译，中国文史出版社2001年版，第401-403页。

利济巷是一条历史悠久的街道,它原名"离子巷"。说起离子巷,在南京还有个民间传说。朱元璋定都南京后,建起规模宏大的城墙,希望江山从此可以固若金汤,延续万年。有一天,朱元璋带着几个儿子和大臣们,登上朝阳门(今中山门)一带的城头巡游。他突然问几位皇子,说:"你们觉得父皇修建的城墙如何?"皇子们纷纷赞扬,独有年仅七岁的四子朱棣说:"城墙造得不好,正对着紫金山。敌人来犯时,紫金山上架起大炮,紫禁城就要危险了。"听了小朱棣的话,众人均大惊失色,认为他大祸降临,然而朱元璋却不动声色,反而赏橘给他,并亲手将橘子剥皮撕络,赏给朱棣吃。小朱棣回到宫中,高高兴兴地把这件事告诉母亲贡妃。贡妃听了,一把抱着朱棣,掉下了眼泪,说:"儿啊,你命休矣!你怎么能表现出比太子还要能干呢?父皇赏你桔子,意思是剥你的皮,去你的筋。父皇恼怒你了,你赶快逃命吧!"当夜,贡妃设计把朱棣送出了西华门(今中山东路和龙蟠路相接处),逃回封地北京。后来,朱元璋为了惩罚贡妃,送了一条铁裙子命令她天天穿着,不久,这位出身朝鲜贵族、绝顶聪明的嫔妃就被折磨而死。母子二人在大街上泣别之处,人们便命名为离子巷。

离子巷的故事还在延续。几百多年后,当代红学家周汝昌、吴新雷等经过考证发现,曹雪芹所诞生的江宁织造府就位于离子巷,即现在的利济巷。乾隆十六年编纂的《上元县志》卷三《疆域》记载:"离子巷在织造府东,碑亭巷在织造府西。"《嘉庆江宁府志》卷十二《建置》记载:"江宁行宫,在江宁府治利济巷大街,向为织造廨署。"在吴新雷的《南京曹家史迹考察记》论文中,绘制了一幅《江宁织造府、织造局遗址示意图》,该图清楚地表明,利济巷是当年曹雪芹居住的江宁织造府的东门所在。那时江宁织造府占地广大，东南西北四面分别相邻离子巷（后改名利济巷大街）、铜井巷和科巷、碑亭巷和延龄巷以及今日的长江路。当年的离子巷，为南京一条主要通道，远不止现在这么一点长。北边延伸出去，穿过中山东路，直达长江路，但这北边的一段早已湮没无闻。现在重建中的江宁织造府，其实只包括当年西北角的四分之一。

那么离子巷怎么会叫利济巷的呢？原来，它是乾隆下江南留下的结果。乾隆是很崇拜他的祖上康熙的，当年，康熙到南京就住在织造府里，因此乾隆他也要住在织造府。不过，康熙住织造府时，织造府还是原来的织造府，史称"驿宫"。乾隆希望"驿宫"要正式改作"行宫"，于是织造府要迁出，行殿要改建，花园

图2-9　南京福安里慰安所是战时日军设立的大型慰安所，21世纪初该建筑尚存。（中国"慰安妇"历史博物馆藏）

要扩建。既然"驿宫"改名"行宫",那么四周的路名也得改变。南京的官员赶忙到处视察,看看碑亭巷、延龄巷、二郎庙这些名字都还可以,惟有东门离子巷的名字太不吉利。于是,地方官运用谐音,将"离子"改成"利济",意思是皇恩浩荡,利济苍生,乾隆皇帝听了眉开眼笑。于是,"离子巷"成了"利济巷"。

因此,利济巷是一条有着悠久历史的老巷。

20世纪30年代,原国民党中将杨春普将利济巷西侧地块整体购置下来,逐步将该地块原先的传统建筑拆除,新建起一个以新式建筑为主的住宅区,名为"普庆新村"。其中,北侧较小体量的建筑,作为住宅使用,南侧一幢较大体量的,作为旅馆使用。最南侧的沿街建筑,底层作为商铺使用,上层作为住家和库房使用。1937年底,日军占领南京之后,将普庆新村作为慰安所使用。旅馆改造成"东云慰安所"(入住朝鲜"慰安妇"),北侧住宅改造为"故乡楼慰安所"(入住日本籍"慰安妇")。

利济巷2号的"高丽窑子"

最早发现利济巷慰安所旧址的,是南京大学已故教授高兴祖先生(1928—2001)。1998年,苏智良曾在高兴祖教授的陪同下,对利济巷慰安所遗址进行过初步的调查。2003年3月,朱弘与《现代快报》合作,再度查证了利济巷慰安所旧址。

如前所述,为了寻证朴永心在南京的受难地,新华社主办的《现代快报》及时报道了这一消息,并呼吁南京市民提供线索。于是,南京的知情人纷纷提供各个慰安所的线索,地址主要集中在下关区(包括盐仓桥、惠民桥、大马路等)、白下区(包括大行宫、杨公井、白下路、利济巷、常府街等）、秦淮区（包括金沙井、夫子庙）、玄武区（相府营、丹凤街、成贤街等）、鼓楼区（三牌楼等）。当然其中的一些慰安所，高兴祖教授和苏智良曾进行过详细的调查。如前文所录，在日军攻陷南京后，当年才12岁的姚正老人被迫充当日军的苦力，他清楚地记得，"当时在下关惠民桥一带，有大大小小很多的慰安所，日军三三两两、歪歪倒倒地从慰安所里出来"。一位郝先生还提供线索，在文昌巷，有一个叫作"菊水楼"的地方，"与朴永心老人所讲述的 Kin Si Yi 楼比较相似"。

根据读者的线索，调查者和《现代快报》记者多次来到利济巷以及其他地点查证核实，最后得出结论，利济巷有两处慰安所，分别是利济巷的 2 号和 18 号，朴永心很可能就在其中的一处生活过。

据此前的研究结论，利济巷 18 号普庆新村名为"东云慰安所"，利济巷 2 号也是一所慰安所，但具体名称不知。家住利济巷 14 号的 95 岁杨秀英老人还能说一口日语，据她介绍，她家在抗日战争前就住在此处，日军攻打南京时他们全家逃回了六合老家。南京大屠杀后，日军贴出安民告示，全家人便于 1938 年春夏之交又回到了利济巷 14 号居住。回来后，她们家在利济巷 14 号开了一间"德盛祥杂货店"，一直居住至今。她家周围当时都住着日本人，南面不远就是利济巷 2 号，当时外面用铁门围着，透过铁门可以看到许多年轻的女子，穿着朝鲜服装，那里的老板叫千田，经常来她的店里买东西，所以得知 2 号是"高丽窑子"。2 号的北面不远处是利济巷 18 号，原来叫普庆新村，房主原为杨春普，那里的女人穿着日本和服和木屐，是"日本窑子"。当时，穿着军装的日本人一般都是晚上来，周末时人更多。老人说，当时周围的人一般都知道这是窑子，是公开的事情。

利济巷2号是一座二层楼洋房，一楼有14个房间，二楼有16个房间。房间都像旅馆一样一间连着一间，每间房都门对着门，房间里面床的位置相当奇特，都凹陷在墙里面。据知情人介绍，那是放置榻榻米时使用的，可以起到遮挡的作用。此处的住户陶小年介绍，根据他父亲和附近的老人们讲述，此处原来是"高丽窑子"，前面有日军的练兵场，再往前就是一个大水塘（现已被填平），他记得自己现在所住的房间门上有过号码，好像是"12号"也可能是"18号"，具体记不清了，但房门上肯定贴有一个圆形的号码牌。以此类推，在这幢房子里肯定就会有"19号"，朴永心老人不是清楚地记得自己的房间号码是"19号"吗？

陶小年住在二楼朝北的一间房间里。木门、木地板、木窗户……整栋楼里的房间面积一般大小，都是单间，像个单身宿舍。利济巷2号的特别之处在于相邻两个房间的每个房间靠墙处均凹进去一块，两房之间的隔墙就变成了"S"形，那半个"S"字的面积，恰好是一张"榻榻米"的位置。大家推断，可能那就是当年放"慰安妇"床的地方。

陶小年说："20世纪60年代，我们一家搬到这里后，我就一直住着。当时它是南京市医药公司的宿舍。在我的印象中，房间的格局一直是这样，从没有变过。惟一变动的是把门上下翻了个个儿，因为原先上面有个圆形的号牌，不像个住家，不好看。"

自从朱弘实地考察了这栋楼后，陶小年一直怀疑自己所住的这个单间，就是朴永心所提到的"19号"。"一楼是14间，楼上是16间，一共有四种排门牌号码的方式，排除两种不太可能的排法，剩下的两种，一种我家是19号，另一种19号是斜对门。"

陶小年认为，利济巷2号极有可能是朴永心当年所在的慰安所。其原因，不仅仅是那奇怪的房间格局，朴永心描述的房间，"窗户朝北，从窗户往外眺望，可以看见附近有兵营，有军人进出，有铁丝网在慰安所的对面，有一个日本人经营的寿司店……"这些都与陶小年当年从老人处听来的情况相符合。

另一位当年居住在利济巷的77岁老人，名叫沈玲，她所描述的一些细节，则令利济巷2号与朴永心之间的距离更加缩短了。

沈玲老人说："那里的最外面是一个可以拉开的大铁门，一进门，右边的墙上挂着一块蓝底白字的大木牌，写着'普庆新村'。再往前是一个传达室，有两个中国人负责看门，一位姓何，是天津人，那时候他已经40多岁，如今可能已不在人世了。"沈玲一家在抗日战争之前就住在利济巷6号，直到1942年才搬离。她家当时开了一家名为"金万兴"的杂货店。

"大铁门"的特征，与朴永心的回忆是一致的。

由于利济巷6号的阳台正对利济巷2号的二楼通道，沈玲说，从离她家最近的那个房间的窗户看出去，经常会看见身穿军服的日本兵进进出出，"他们一进去就脱衣服，当时我还小，也不明白脱衣服是干什么"。

1937年，日本军队入侵南京，杨春普西迁重庆。于是，日本人便强占房产作为慰安所。沈玲还记得，利济巷2号里住的是朝鲜"慰安妇"，利济巷18号里的八栋两层小洋房住的是日本"慰安妇"。

依然住在利济巷内的杨春普的外孙，证实了沈玲老人的记忆是正确的。"这些房产1933年开始建设，1936年建成。由于这里与

'总统府'相隔不远，利济巷2号那栋楼，最初是用来作为办公用楼。被日本人抢占后，可能进行了内部改造。"（图2-10）

朴永心曾经回忆，在慰安所附近有一家日本寿司店。沈玲也记得，在利济巷2号北面五六米处的利济巷16号，当年确实是一家日本寿司店。如今，寿司店的旧址仍在，但已经变成了一家名

图2-10　利济巷——东云慰安所的一个侧面。（苏智良1999年摄）

为"兴强食品仓储中心"的小店。

据当地居民们回忆：在利济巷2号的走廊里，即使是轻轻走动，都会有重重的咔咔声。一米多宽的走廊，狭窄而灰暗，如果没有照明，即使在白天也只能模糊地看到房间的轮廓。几十年前，住在慰安所内的年轻女子仿佛都十分漂亮，很多盘着高高的头发，化浓浓的妆，穿着颜色艳丽的和服、木屐，和服后面都有刺绣的字，很亮眼。这些女子每天很多时间都是待在自己的房间，只要天气不冷，窗户都是打开着。很多挎着圆柄军刀的日本兵在楼下的小铺子刚吃完酒，就醉醺醺地来到这里，一进门，先把刀挂在窗口，然后脱衣服，随后"慰安妇"就会拉上花布做的窗帘。等到窗帘拉开时，就会看见"慰安妇"忙前忙后地伺候日军士兵穿衣服；日本兵还会打这些女孩子，有时房间里会传出女孩哭喊的声音。

平时，慰安所的大铁门总是锁着，女孩子们须隔很多天才能集中起来出门，且有人看押着。可是"慰安妇"们和中国居民依然相处得很好。如果能够透过窗户，与周围的中国居民说说话，她们就会十分高兴。她们有的还用长长的竹竿将漂亮的饰物挑到对面中国居民的阳台上送给中国小姑娘。

和中国居民和睦相处，这一点，与永心老人的回忆也一致。

在利济巷2号的楼里，和"19号"对门的房间有一个小阁楼。这个阁楼平时只能用梯子爬上爬下，据说阁楼的用途和其他房间还有所不同：新来的年轻女子，特别是处女，一进慰安所都会先被关在这个阁楼里，只等一些高级军官过来，才会让军官住进去，等到军官进去，梯子就会被撤下，以防止"慰安妇"逃跑。同时，二楼阳台下面还有三个房间，据说是用来惩罚和关押一些老的和

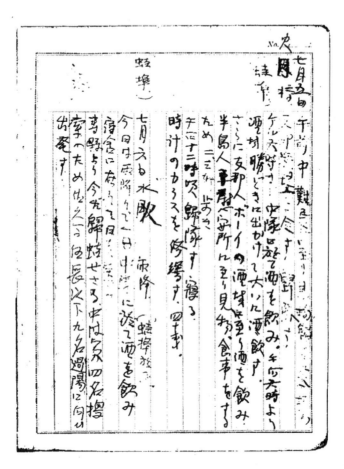

図2-11　日军士兵于1938年在《阵中日记》中记载,在安徽蚌埠,军官逼迫朝鲜半岛的"慰安妇"们通宵陪酒。(高崎隆治:《"陣中日誌"に書かれた慰安婦と毒ガス》)

病弱的"慰安妇"。①

大概，这就是老人回忆中的"惩罚屋"。

战后的60年间，利济巷一直未有大的变化，所以老居民沈玲依然能够说出，当年沿街而设的各类店铺的名称：庆泰煤炭店、杨保记香烟店、夏家饭店、张成衣铺……最为重要的是，沈玲记得，当年在利济巷2号的左侧有一家叶胖子药店。"药店不仅卖药，还有一位长着长胡子的医生坐堂，给人看病。"除了这家药店之外，在利济巷2号后门不远处，当年还有一个诊所。

"这是一个重要的信息。"朱弘敏感地认为，朴永心的脖子右侧有一处伤疤，是日本士兵所刺。当年在南京的慰安所时，朴永心有一次来了例假，但仍不准休息，一个日本兵强行要她接待，她不愿意，凶狠的日本兵随即拔出刀向她刺去。刀捅在脖子上，鲜血直流，后来慰安所的管理者将她送到楼下不远的一个诊所急救。朴永心记得，给她包扎的是一个中国医生。

在整个调查过程中，朱弘和《现代快报》的记者作出了重要的贡献。越来越多的线索显示，利济巷2号与朴永心印象中的慰安所极为相似。"尽管很像，但没有得到朴永心的确认，我们还是不敢过早下结论。"朱弘决心要将朴永心接来南京，以确认利济巷2号是否是她当年所在的慰安所。

不过，由于年事已高，老人患有心脏病、高血压和脑溢血。无论是对她，还是对所有"慰安妇"受害幸存者而言，时间是最宝贵的。谁也不知道，这位历经磨难而又奇迹般生存下来的老人

----

① 关于阁楼的作用，根据朴永心后来的指认，二层还有另一个小阁楼，当年是关押不听话、甚至要反抗的"慰安妇"的禁闭所。

什么时候会倒下。如果是那样，不但历史又会少一位重要的证人，也会给所有希望还老人以清白人生的人们，包括老人本人，带来沉重的、难以弥补的遗憾。

中、朝、日三国联合调查启航

经过与上海师范大学教授、中国"慰安妇"问题研究中心主任苏智良商谈后，朱弘决定一起筹划朴永心到中国重走战争经历之路的活动。2003年1月，朱弘赶至南京，寻找朴永心当年所在的慰安所遗址。朱弘将他此行的打算，说给《现代快报》的记者听，希望能够得到《现代快报》的帮助，联合做好这个活动。

2003年1月18日，《现代快报》用通栏文章登出《朝鲜"慰安妇"朴永心南京寻证》，向全市公告此事的重要性，并在文章结尾发出"寻找知情人"的通告（详见前文）。

2003年3月，朱弘来到朝鲜，当朴永心老人盯着南京慰安所遗址的照片时，盯着那家和自己待过的极为相似的房屋时，喃喃自语道："居然还在啊！我好像见过，都见过。"

为了尽快有效进行调查，朱弘向苏智良提出跨国调查的建议，商量后，决定组织中国、朝鲜、日本三国联合调查团，决定以上海师大中国"慰安妇"研究中心的名义主持调查并向朝鲜政府发出邀请。经过精心的筹备，2003年10月，苏智良以上海师范大学的名义，向朴永心、朝鲜"从军'慰安妇'及太平洋战争受害者赔偿对策委员会"和日本方面发出了邀请。

朝鲜民主主义人民共和国从军"慰安妇"及太平洋战争受害

者赔偿对策委员会：

多年来我们之间在调查和研究日本侵略亚洲战争责任方面进行了愉快的合作，谨致谢忱。

日本对亚洲的侵略战争尽管已过去50多年了，但其罪行至今未彻底调查清楚，而受害者正在消失。为了彻底调查日本军国主义实施"慰安妇"——性奴隶制度的罪行，特组成中、朝、日联合调查团，以朝鲜受害者朴永心老人在战争时被强逼为"慰安妇"之苦难遭遇为中心，共同进行全面的历史性的调查。时间为2003年11月15日至12月10日，主要地点为朴永心老人当年受难之地——南京和云南地区。

朝鲜方面由朝鲜民主主义人民共和国从军"慰安妇"及太平洋战争受害者赔偿对策委员会副委员长黄虎南、书记长孙哲秀等6人组成。朝鲜方面之一切调查经费由中方负担。希望我们愉快合作，将现在世界上"慰安妇"幸存者中颇有影响的朴永心老人之受害事实调查清楚。

期待着你们的到来。

上海师范大学

2003年10月20日

很快，邀请函上的建议得到了对方的确认和肯定。朝鲜从军"慰安妇"及太平洋战争受害者赔偿对策委员会副委员长黄虎男真诚地指出："如果不把事实查清楚，那么当历史的见证人都消失的时候，这段历史就可能会被抹杀。所以我们希望通过你们把历史的真相公之于众。通过这项调查把历史的真相告诉世界，告诉我们的后代，让这样的事今后不再发生。"

经过多方磋商，代表团的主要成员有：朝鲜从军"慰安妇"及太平洋战争受害者赔偿对策委员会副委员长黄虎南，部长金昌龙、李莲花，次长金春实，中文翻译李强进，调查团的核心人物自然是朴永心；日本作家西野瑠美子和旅日华人朱弘；中国"慰安妇"问题研究中心主任苏智良，中国"慰安妇"问题研究中心代表、侵华日军南京大屠杀遇难同胞纪念馆代表梁强，《现代快报》记者郝倩、马莉英、泱波等。一名旅华日本医学专家也作为志愿者参与调查和负责一路照顾老人。

2003年11月16日，朝鲜代表团一行六人顺利从平壤到达北京，朱弘特地到北京，迎接朴永心大娘一行的到来。稍事休息后，他们于18日坐T16特快列车前往南京。19日上午9点26分，朴永心在人们的搀扶下下了火车。

出乎人们的意料，原本以为老人至少会抬头看看当年她住了三年的南京城，但直到下了火车，老人的眼睛始终盯着自己的脚下不肯抬起。这一刻，老人全身已经瘫软，要两三个人搀扶才能迈步。

幸好，南京方面事先为老人准备了一辆轮椅。这片曾经让她在血与泪之间折磨了三年的土地啊！

就这样，在一个有点清冷的初冬上午，朴永心再次踏上了南京的土地。中国、日本两方面的参加者均在车站迎接，目睹了朴永心大娘来到时让人心酸的这一刻。

为了顺利地和安全地完成整个调查，调查团周密地安排了老人的休息时间和作息行程。中国"慰安妇"研究中心的代表、上海师范大学的研究生沈晓青，还给永心大娘捧上了一束清香四溢的鲜花。

图 2-12　相隔 64 年后,朴永心老人再度到达南京。2003 年 11 月,朴永心冒雨再返南京,苏智良、西野瑠美子前来迎接。(中国"慰安妇"历史博物馆藏)

纪念馆老姐妹相遇

第二天上午的休息，让老人显得从容很多。20日下午3点，车子开进侵华日军南京大屠杀遇难同胞纪念馆，朴永心老人将要看看南京城这座最负盛名的建筑物，并要和中国的受害者杨大娘会面。可是，出了门，老人就感到了不安。她开始显得惶恐，在轮椅上焦躁不安地扭动身体，并开始急促喘息，和旁边的人说："我难受！我难受！"朝鲜陪同人员赶紧握住老人的手，发现已经穿得足够保暖的老人的手却是冰凉冰凉的。周围的人开始劝说老人，"一定要坚强起来"！在众人的劝慰下，老人才开始恢复平静。但是，当她遇到南京大屠杀的幸存者杨大娘时，老人再也抑制不住内心的激动了。

南京大屠杀遇难同胞纪念馆的朱成山馆长把75岁的杨大娘介绍给朴永心老人，并说明："杨大娘在南京大屠杀中被日本人强暴，当时只有9岁。"听闻此言，两位老人的手紧紧地握在一起。在互相凝视一会儿后，比永心老人年龄小些的杨大娘，忽然哭了出来。82岁的朴永心一边赶紧用左手抹眼泪，一边用右手不停地拍着75岁的杨大娘的胳膊，不住地用朝鲜语重复："不哭了，不哭了"，就像姐姐安慰自己的妹妹。（图2-13）

两位老人在纪念馆的会议室里坐在了一起，杨大娘依然止不住地流泪，朴永心紧紧地抓着住杨大娘的手，坐直了身子，放大了声音，一字一字地说："坚强一点！坚强一点！我们一定要和他们斗争到底，一定要让他们道歉！"这是朴永心老人两天里声音最高的一句话。说完这句话，朴永心老人开始低下头，自己也不停

图2-13 朴永心与日军南京大屠杀受害幸存者杨大娘在南京见面。(沈晓青2003年摄)

地落泪。

在调查人员的陪同下,朴永心老人参观了侵华日军南京大屠杀遇难同胞纪念馆。在"日军毁尸15万具"的解说点,老人痛苦地闭着眼睛;到"幸存者"的解说点时,朴永心老人直接身体前倾,脚也不自觉地在轮椅的踏板上搓动。出门时,老人小声地问身旁的朝鲜陪同人员:"我是不是糊涂了?我是82岁么?"

她不想休息,也不想喝水,只是闭着眼睛,嘴巴明显向下撇着,无力地靠在沙发上。这时,老人的血压高压170mmHg,低压110mmHg,"这已经远远超出了老人正常的血压范围,说明老人很激动。"随行的日本医生有些忧虑地告诉记者。

平静了10分钟后,朴永心又握住了杨大娘的手,重复说:"我们一定都要活下去，斗争到底！"她痛心地说："你看，她（杨大娘）才75岁，可是头发已经全都白了！她显得比我还老啊！"她坦言："在你们这些小辈面前，提我以前的那些事情，真的很难为情！但是，我知道必须提。我很同情中国人，当时很多中国人被日本人欺负，有一些日本士兵坐黄包车不给钱，还一脚把车夫踹在地上，连我都看不下去……"

这时的朴永心老人，是一位坦荡面对历史的、有尊严的老人。

重返利济巷

经过一夜的休息，朴永心的体力有了明显的恢复。20日上午，朴永心也只是在旅馆内活动，因为她需要静静地休息，以便完成下午重返利济巷的重要工作。

20日下午1点，重要的行动开始了。

朴永心老人坐着轮椅被缓缓地推进了利济巷。阴雨绵绵的南京城夹着初冬的冷风，似乎在为朴永心当年苦难的遭遇落泪。下午1点半，坐在轮椅上的朴永心围着厚厚的黑色围巾，来到南京利济巷2号——在这里，她要撕开心中的伤痕，也要理清1939年关于她的那页历史。

也许是老天要照顾她的身体，就在这时，一直下着的细雨倏然停了。利济巷一带在解放前是南京最繁荣的地段之一，街上店铺相连，然而经过大半个世纪的变迁，老街逐渐沉寂，靠西面的一排街已经拆掉，周围正在施工，每当下雨，街头一片泥泞，现在也不例外。

利济巷2号到了。记者这样记录：这是一幢20世纪30年代的二层洋房，起初就是按照日式房屋的结构建造的。普庆新村、东方旅馆……这里的名称几经更迭。如今，外面的灰墙只要轻轻碰一下就会有石灰哗哗散落。洋房的一楼是卤菜店、面食铺、小吃店，嘈杂的人声给这座老楼添了一点色调。然而，光阴流逝，几十年的时间让这栋老楼蒙上了一缕缕黑烟的痕迹——老楼已如一位老态龙钟的老人。

在进入老楼外围的那一刻，朴永心老人的表情已经开始凝固。她用陌生的目光打量着专程赶来的利济巷2号的老居民、77岁的沈玲。望着这位满面皱纹的瘦小老人，握住她那冰凉发颤的手，沈玲体会到了朴永心的人生心境，一句话未说，先红了眼圈。沈玲红红的眼圈，让朴永心的眼眶也开始潮湿起来。但她一句话也不说，努力让自己镇定平和。

沿着灰暗的弄堂，走向利济巷2号的大门。所有的人仿佛都意识到自己正在走进历史，周围鸦雀无声。老人突然感到极为恐惧，她害怕走进当年的受迫害之地，她不敢再往前走——害怕又走回历史。在人们的鼓励下，停顿之后，她勇敢地前行。当2号的红漆木门出现在老人面前时，老人微微地点了一下头。她又抬头，往楼上瞧了一眼。良久，喃喃自语了一句："就是这儿了。"

说完，老人低下了头，泪水瞬间顺着面颊流了出来。人们看到她双肩颤动，随即，抑制不住的苍老悲声，撕心裂肺地断断续续传出。老人拿出一条黑红花纹相间的手绢，不停地抹眼泪。人们知道，此时，只有让她哭出来，才能抒发她长久的淤积之气。

沈玲老人走上前去，轻轻拍着朴永心的胳膊。她叹着气说："她认出来了，她一定认出来了！"近10分钟后，老人逐渐平静下来。她坚强地望望大家，深深吸了口气，说了一句："进去吧。"

朴永心再入"19号"

人们搀扶着老人走进利济巷2号。

木门，还是当年的木门。老人腿脚不好，就一步步移进去。没有专门采光的窗，屋内黑黑的，只能就着楼梯间窗户透进的微弱的光，摸索着上楼梯，直到上面有白炽灯，才能看得清脚下。楼梯宽度仅能勉强容纳两个人，脚下是楼板松动的咔咔声，木板墙体上挂着一丝丝蜘蛛网，一股淡淡的霉味扑面而来。走上二楼，没有人指引方向，老人却是自顾自地左转，走进了第三间房间。这里正是由陶小年提供线索、朱弘与《现代快报》记者在2003年初找寻到的"19号房间"。

图2-14　朴永心老人在朝鲜随行女干部的搀扶下，登上原东云慰安所的二楼，当年老人的受害地就在二楼。(中国"慰安妇"历史博物馆藏)

根据对朴永心访谈的记录，老人的印象是，门口挂着"19号"的木牌子，房间的一角放着一张床，屋顶垂下一只十分显眼的白灯泡，灯上没有任何罩盖。她很不习惯南京的火炉天气，房间内不太通风，夏天显得非常闷热。

这间房间是二楼16间房中的普通一间，布局和其他房间一样：不足15平方米，一进门的右侧向里面凹进一块——面积大约3平方米左右。老住户陶小年曾说，这个凹下去的一块以前就是为了放床设计的，房间朝窗的位置可能摆放的是吃酒的桌子。房间里的木板已经破旧得辨别不出颜色，墙壁已经泛黄，绛红色的窗棂上积着灰，窗户的结构仅能简单地拉一个窗帘。

老人走进房间里，仔细地环顾了一下四周。不久，她的呼吸开始急促起来，忽然，激烈地挥动起胳膊，整个人不顾别人架着，使劲地往地下坠，几乎坐到了地板上。她重重地捶胸口，身子晃动，奋力甩开扶着她的朝鲜同伴，撕心裂肺地大喊："你们为什么不去打日本人?!"与朴永心平时亲近的朱弘见状，赶忙上前劝慰，却被极度愤怒的老人踢了一脚。随后，她坐到了人们赶紧递来的板凳上，抬头望着周围，那些原本熟悉的随行人员，却一个也认不出了，迷茫而又愤怒地问道："你们都是谁! 怎么都是陌生人!"和朴永心平时十分亲近的朱弘，与日本朋友说了一句日语后，老人突然使尽力气，又狠狠地踢了他一脚。她忿忿地盯着其中的一个日本随行者。这位日本随行者事后回忆，老人在房间里盯他的那一刻，眼中满是愤恨。

朴永心老人在房间里待了10分钟左右。在这10分钟里，她面对房间里凹进去的那块地方，不停地说着"要撞墙""要跳楼"之类的话。显然，她完全回到了过去的情景之中。

在"19号房间"，老人激烈的反应，出乎所有中外学者的意料之外，而原先预设的问题，均无法询问，但是老人的表现似乎已经说明了一切。日本学者西野瑠美子分析说：朴永心在门口反应如此激烈，上了楼又很熟悉地左转，走进"19号"，这一切都说明老人还记得，她认出来了！

所有的人都认为，不必再问老人什么，不必再给老人增添痛苦。老人的一切语言行为，都说明了"确认"这两个字。

现在，我们根据朴永心老人的回忆及我们的调查，可以为利济巷的慰安所作一个总结性的描述：利济巷2号，当时就是朴永心老人在南京从1939年到1941年被骗成为日军性奴隶的慰安所。性奴隶的来源，由军方提供，并接受军方的监督，而管理者为朝鲜人，里面的"慰安妇"，也几乎都是朝鲜人。按当时惯例，南京的人们称其为"高丽窑子"。没有契约，因此也谈不上待遇和期限。这里只对军人开放。白天，这里是接待日本士兵的时间，到晚上，则接待军官。这里有严密的管理制度，实行每周性卫生检查，用药物强制避孕。"慰安妇"们平时不能随便进出，门口有铁门封闭。在里面入口的接待处，日本官兵要先买票，并且可以看着"慰安妇"的照片而挑选女性，然后拿着票由老板引导进入"慰安妇"的房间，但卖票的收入，基本由管理者收取，"慰安妇"们甚至连饭也吃不饱。根据朴永心的指认，两层的一个小阁楼，当年就是关押不听话、甚至要反抗的"慰安妇"的禁闭所。由于受到日军和直接管理者的随意虐待，"慰安妇"们的生命处于不自由和危险之中。

当时的利济巷，已完全没有江宁织造府和乾隆行宫的辉煌气势，小小的巷落里布满了破旧的筒子楼，墙壁上随处可见花花绿绿滴着水滴的拖把，衣服挂在铁丝上，青石地板上已经长出很厚的青苔。整条巷子满是菜摊、台球桌和小饭馆。如果说要寻找曾经的历史痕迹，那就只有这一个古老的名称了。当地居民都知道，利济巷原本很长，但利济巷的另一半街区早在历史的进展中消失得无影无踪。利济巷斜对面原来还有一条小利济巷，现已经被拆掉了，而承载着历史沧桑感的这半条巷子也可能消失：南京有关方面 2004 年初已定下具体拆迁方案，等到方案一实施，整个利济巷就要完全消失了。

苏智良和南京大学、南京师范大学的教授们，西野瑠美子女士，朱弘先生，《现代快报》的记者，包括朴永心老人，都曾多次公开呼吁，希望这个慰安所遗址能够保存下来，以印证、记忆这一段历史。如果一个民族忘却历史，不会反省历史的教训，那么，老路就会重走，悲剧也会重演。早在 1998 年 8 月 14 日，"慰安妇"制度的另一个受害国——韩国，就建立了世界上第一座"慰安妇历史馆"。然而，当时，在"慰安妇"制度下受害最深、受害地区最广、受害人数最多的中国，却没有一个这样的纪念馆。将来，我们拿什么去教育我们的国民，我们的后代——为什么战争是丑陋的，和平是可贵的？我们面对历史，审视历史；结果如何，历史也将审视我们。

我们时常要将真的、历史的纪念物拆除，然后在若干年后，幡然醒悟，再造一个"假古董"。我们希望在二战历史纪念物，包括慰安所问题上，不要再做这些让子孙后代感到悲哀的事。

但是，2003 年南京市房产局经过严格审查后，认为这里并没有被确认为文物单位，遵照新拆迁办法，仍依法颁发了拆迁许可证。于是，利济巷的居民们接到了拆迁通知书：限在 2004 年 7 月 8

日前搬迁完毕。但在媒体和各界的强烈呼吁下，2004年6月8日，南京市政府有关部门作出了迁而不拆的决定。但是，它的未来谁也不清楚。2005年3月3日，苏智良再次来到这幢建筑前，只见居民们多已搬迁，昔日喧闹的弄堂异常宁静，但成堆的垃圾散发出臭味，似乎在提醒来者，利济巷旧址的命运恐怕不会长久了。（图2-15）

图2-15　经过各方的共同努力,终于确认了利济巷慰安所旧址,但它能保存下来吗？它会消逝吗?(苏智良2005年摄)

第三章
再返云南

云南是中国抗战的后方基地，但1942年4月日军却从缅甸渗透到滇西地区，随着日军占领区的扩大，日军的慰安所也开到了高黎贡山山脉。朴永心就是在战争的后期，从缅甸被带到了云南，继续她的日军性奴隶的苦难生涯。在滇西，她不幸怀孕，又不幸流产。但1944年夏，中国远征军发动了反攻战役，收复了滇西地区，朴永心也幸运地脱离深渊，获得解放，重返故乡。

日军侵入滇西

日本军国主义对外进行侵略扩张，其第一步就是占领中国。1941年12月8日，太平洋战争爆发。日本大本营为了掐断中国惟一一条接受国际援助的通道——滇缅公路[①]，为尽速攻占东南亚各国和西太平洋诸岛屿，令第15集团军司令官饭田祥二郎率两个师团由泰国侵入缅甸。1942年3月8日，日军第33师团占领仰光。随后，日军又增调两个师团，共约9.5万人，飞机250架，向缅甸

---

① 抗日战争爆发后不久，中国沿海各省相继落入敌手。为了保证国际援助物资能够运进西南，中国人民自1938年起，经过艰苦卓绝的努力，付出了巨大的牺牲，在崇山峻岭中修筑了一条由国内通往缅甸腊戌的公路——滇缅公路，全长1140公里，于1940年通车。盟国援华的军用物资通过这条生命线源源不断运到中国。

图 3-1 西南的滇缅公路是中国抗战的运输动脉，这是修筑最艰难的公路段，地点在贵州省晴隆县县城附近，被称为"二十四道拐"。(森山康平:《フーコン・雲南の戦い》)

北部进攻。

为保障中国国际交通线滇缅公路的畅通，中国政府根据《中英共同防御滇缅路协定》，以3个军10个师共10万余人组成中国远征军第1路军。2月下旬，应驻缅英军总司令T.J.胡敦请求，由第1路军副司令长官杜聿明率第5、第6军入缅，于3月初接替英军仰光—曼德勒铁路以东至泰、老、越接壤地区的防务。之后，又增调第66军进至曼德勒地区，并派中国战区参谋长J.W.史迪威（美军中将）、第1路军司令长官罗卓英入缅指挥作战。3月18日，担任警戒的第5军骑兵团在彪关以南约20公里之大桥，遭到勃固北进之日军第55师团先遣队的攻击，予敌以杀伤后撤回东吁。20日，日军第55师团在第5飞行集团一部的配合下，向东吁外围阵地发起攻击，遭守军第5军第200师顽强抗击，经五天激战，始夺取外围据点、东吁机场。26日，日军第55师团向东吁市区发起总攻。守军在师长戴安澜指挥下与日军展开巷战。28日，第5军新编第22师增援，在东吁以北之南阳车站被阻，激战两日，未能突破阻击。战至29日夜，增援的日军第56师团搜索团加入战斗，师团主力接近东吁。据此，杜聿明鉴于第5军预备队第96师尚在输送途中，不能集中主力与日军决战，以解东吁之围，遂命第200师撤出战斗，退往彬马那，以图相机再战。30日，日军进占东吁，随后分兵两路：第56师团东向南梅黑克，然后北攻腊戍；第55师团和增调的第18师团北向曼德勒攻击前进。中国方面，新22师在斯瓦地区依托既设阵地，逐次抗击北进日军；第6军暂编第55师在茂奇地区阻击东进日军。4月18日，第66军新编第38师师长孙立人奉命率所部主力驰援，救援在仁安羌被日军第33师一部包围的英缅军第1师和英装甲兵第7旅，次日击破日军包围，解救出被围部队7000余人、传教士等500余人。4月29日腊戍失守，5月1日曼德勒陷落，5日中国云南怒江惠通桥西岸地区被占。远征军被迫先后回撤，至9月大部退回云南，一部撤至印度。

是役，参加过台儿庄、中条山、武汉保卫战的著名抗战将领、国民党200师师长戴安澜少将身先士卒，在率部毙敌5000余人后，身负重伤，牺牲于缅北的茅邦村。消息传来，举国哀悼。戴安澜将军的灵柩经滇西发往昆明的途中，滇西的百姓沿途设香案祭奠。男女老少面南而跪，虔诚地为戴将军招魂："戴将军，你的忠魂义魄，请平安回来吧！请回自己的国家，穿衣吃饭，请保佑我们黎民百姓……"国共两党均为其致挽和公祭，毛泽东曾写了一首五言挽诗《挽戴安澜将军》："外侮需人御，将军赋采薇。师称机械化，勇夺虎罴威。浴血东瓜守，驱倭棠吉归。沙场竟殒命，壮志亦无违。"当年10月，美国总统罗斯福追授戴安澜"懋绩勋章"。

缅甸战役，远征军经过一个多月作战，在保卫东吁、解救英军诸战中，英勇顽强为世人所赞誉，但由于出国时机过晚、盟军作战缺少协同、多头指挥等原因，使远征军始终处于被动态势，未能达成战役预期。

日军占领缅甸各地后，设立了慰安所，各国"慰安妇"的比例通常是缅甸女性4、中国和印度女性各2、朝鲜女性10，而日本女性只有0.8。根据日本记者千田夏光的推测，日军在缅甸的"慰安妇"总人数为3200人，其中朝鲜女性约占2800人。

1942年4月日军开始侵入云南，于5月3日攻占畹町，4日占领芒市和龙陵，5日又夺取了滇缅公路的要塞——松山，10日攻占滇西重镇腾冲。到1943年初，日军势力向北伸展到泸水地区，向南挺进到孟连一带。在半年多时间，日军侵占了滇西怒江以东的

图3-2 日军占领缅甸后就开设了一批慰安所,这是在仰光的日本人老板与"慰安妇"的合影。(西野瑠美子:《從軍慰安婦と十五年戦争》)

潞江等村镇,对保山、下关、祥云、昆明一线狂轰滥炸,并对保山城实施细菌战。

当日本侵略军推进到滇西一线、直指昆明时,中国的战局呈现出危急的状况。当时的很大一部分国土沦于敌手,国民政府偏安在西南的重庆,昆明是仅次于重庆的大后方基地。一旦昆明不守,重庆将陷于南北夹击的死境;而且此时滇西人民拼死修成的、从缅甸到昆明的、抗日军民接受国际援助的通道——滇缅公路,也由于日军进占滇西被掐断,重庆方面事实上已被日军从国内国际两方面阻断了主要交通线,极度困难。因此,美国的空军青年组成志愿军——飞虎队,冒死在喜马拉雅山脉的航空禁飞区开辟航线,航送中国战场急需的军事物资。所以,那个时候运来的汽油，曾一两油价一两黄金，被人们称作"黑色血液"。

幸好日军的攻势被及时阻止了。一条怒江，挡住了漫山遍野凶猛的野兽。

2001年，当我们站在高黎贡山山脉的制高点松山上时，陪同我们调查的松山人让我们在万山丛中看那一条细细长长的白色飘带，说："这就是我们的怒江。怒江的东岸，是保山，直通昆明；怒江的西岸，是滇西，日军建筑的最坚固的阵地，就在松山。松

图3-3　日军曾千方百计轰炸滇缅公路的咽喉——惠通桥。(森山康平：《フーコン·雲南の戦い》)

山正对着怒江上唯一的大桥——惠通桥，它扼制了怒江两岸的交通往来，一夫当关，万夫莫开。"

惠通桥是由誉满东南亚的爱国侨领梁金山先生资助修建的。（图3-3）1932年和1934年，他曾先后捐助共计9000两白银给中国政府，用于保卫国土。惠通桥是1931年开始修建的，梁金山先生高瞻远瞩，提出应修建能通汽车的钢索吊桥。为此，他拍卖了两个商号、一家工厂，出资20万卢比，增加了三分之二的建桥费用，使钢索吊桥得以顺利建成。1940年，输送国际反法西斯阵营经滇西给中国各战场抗战物资的血脉路线——滇缅公路得以建成，横跨怒江的钢索吊桥惠通桥起了关键作用。[1]

当地人告诉我们，1942年，日军从缅甸入侵时，大量的华侨不断从边境涌来，惠通桥上一直拥挤不堪。狡猾的日军先遣部队，乔装成难民，混在人群中上了桥，企图先期夺取惠通桥的控制权。忽然，前面有车翻了，人潮汹涌，推挤不堪，日军逞凶，欲将其他车辆亦推下河，以便快速前进，不料遇上一有枪的富商，双方发生枪战，于是潜藏的日军被守桥的中国军队发现。一场激战后，小股日军被歼，中国守军将桥立即炸断。

据说，后续的日军部队开到江边时，正值涨水季节。司令官不知怒江水性，看了看并不十分宽阔的江面，下令工兵架桥。两天后，工兵报告材料太轻，浮桥架不起来。傲慢的司令官说："推车下去架！我就不信这江水挡得住我们！"一辆车推了下去……又一辆推了下去。瞬间，十来辆的大卡车，被这条汹涌的怒江吞噬

---

[1]参见沙必璐主编：《血肉丰碑：侵华日军滇西暴行与滇西抗日战争纪实》，上海社会科学院出版社2003年版。

得无影无踪。督建的司令官默对江水，一言不发，最后在众目睽睽之下转身离去。结果，日军只得在怒江西岸安营扎寨。

当时怒江两岸的高黎贡山山脉森林蔽天，地形复杂，易守难攻，于是，中日双方便以怒江为线，开始了长达两年的相持阶段。

日军在云南的性暴行

在日军占领缅甸和滇西地区之后，日军第56师团（又称为"龙师团"或"龙兵团"）建立了腊戍、龙陵、腊勐、腾冲、滚弄五个守备区及松山、平达等六个大据点；第2师团及第53师团各一部分驻遮放、畹町及腊戍公路沿线。

日军侵占滇西地区，沿途干尽坏事。日军对腾冲人民进行杀人、放火、掠抢的同时，又大肆奸污妇女，犯下了无数性暴行。据董廷森、黄槐荣整理的《日寇罪行录》记载：

1943年2月，几百名日军"扫荡"……奸污妇女128人，更残忍的是奸污后用刺刀捅死2人，用气枪插入阴道打气胀死3人，对两个60多岁的老奶奶，他们也要发泄兽行；日军在中和龙井头轮奸少女陈某某，22个鬼子轮奸陈后，使其小腹以下肿胀如腰鼓，身心遭到严重的摧残。县城妇女某某某，逃难到荷花雨伞亲戚家，被"扫荡"的日军抓住，20多个日军对她进行轮奸。某某某被日军蹂躏后，身体受到严重摧残，羞愧欲死，被亲戚劝止。在中和，解某某的妻子，伪装成年迈带病的老妇人，仍免不了野兽般的日军追逐，她急得没法，跳进大粪池里，才免除受凌辱。一些妇女，被日寇奸污后致病、致疯、致死。

这样的记录非常多，我们在进行"慰安妇"幸存者调查中，也查访了一些亲历者。潞江乡的张正孝老人，2001年80岁（图3-4），他证言说：

> 1942年，日本人进了我们潞江乡"红木树寨"（解放后改名禾木树村），在我们村设立了据点。驻有很多日本兵，大约有一个大队吧。这个大队属于113联队，队长人称"神谷太君"。当时是有汉奸带路到村寨的背后偷袭，日本人才把中国军队打垮……日本鬼子进来就烧杀抢，我的大爹张士义，因为不肯将一坛好酒给日本兵，就被杀死了。禾木树村曾遭日军与中国中央军的反复争夺，但最后还是被日军占领了。
>
> 日本人实行三光政策，烧光、杀光、抢光，什么坏事都

图3-4 一口美髯的张正孝老人正在回忆往事。
（苏智良 2001年摄）

干。我亲眼见二三百人被日本兵活埋，有的活埋了未死，老鸦来啄，那人的头还会左右转动，以躲避啄食的老鸦。我的一个表兄弟，杨春勇，年龄与我相仿，在麻檬寺被日本兵活活剐了36刀，然后一刀"大开门"，才死了。现在想起这些，我仍非常气愤（流泪）。村里有一大富豪叫杨富春，那是著名的红眼睛绿眉毛，人称"杨胡子"，平时想打想杀，没人敢说话，家里有一个大的四合院，可以养一百多牲口，此时家人逃散，院子就做了日本人的据点，"神谷太君"就住在院子里。院子里有本地被抓去的妇女，大多是汉族，押在房里供日本军人奸淫，被称为"花姑娘"。常有人从这里面逃出去，逃出去被抓回的就被打死，杀死的就丢在杨家大宅前的山洼地里，据我所知，30个妇女只少不多。这个大宅里被关押的妇女，自愿去的统统没有，也根本没有日本兵给她们钱粮这种事。

被抓来的妇女，还有活着的，可是我不能说，绝对不能说，这是不好的事，她们有了小辈呀，不能说！我们村里就有三个，一个前几年死了，一个小我一岁，79岁，做了奶奶了，另一个82岁，做了曾祖母了。你们不能去调查，一调查，她们就知道是我说的了。

（1944年）松山战役前，这里的日军据点撤走了，（据点里的）妇女们也都不见了。①战后中央军来了，战火把整个寨子都烧光了，杨家大院也早烧没了。②

---

① 据陈祖梁先生的调查，后来都随军撤走了。
② 苏智良、陈丽菲2001年8月23日下午采访于潞江乡政府。

潞江乡71岁（2001年）的彭文成在证言中说：

　　我记得日军是1944年到1945年来我们这里的，打了两年的仗。①1944年4月的一天，下着大雨，日军"扫荡"我们寨子。大家都逃到山上去了。我父亲彭周明当时约30岁，他与同乡人殷茂发从躲藏的地方出来查看情况，结果就被日军抓住带到营地。我父亲被杀了5刀，死了。殷茂发被杀了二刀，晕过去未死。后来，他偷偷跑出营地告诉了我们家，我们才知道父亲死了，只能含泪将父亲的遗体给埋了，所以父亲身上的刀伤是我亲眼看到的。当时我家租了6头黄牛，被日军打死了5头，另一头也被切去了下巴；骡子也被打死了两头。当时我们寨子被日军杀死的还有王俊德、小王山等人，有的名字记不得了，是在董家沟被害死的；我记得回形村的王有兴被日军活埋了，就是张正孝刚才说的被活埋后头还会动的那个。当时谁也不敢去解救，因为日本人还在。阮小三、芒招田（音，傣族同胞）和阎老三也被杀了。阎家有七兄弟，阎家有个兄弟还健在。

　　被日军强奸的妇女有郭老兴的妈妈，当时二十来岁。那天，她在田里砍甘蔗，就在现在榨糖的地方，被日军士兵拖进去强奸的，这是我亲眼见到的；香果园村还有张云秀、赖贵秀、王石秀被日军强奸；贤孝德（音，傣族）的母亲被日军强奸后，甚至还被日军的猎狗强奸，结果瘫在床上半年，后

---

① 彭文成老人回忆的年份有误，日军占领当地应在1942年到1944年间。

来还是死了。香果园的张云秀当年十七八岁，当时被日本人抓去服侍"太君"，被日军扣了十几天。后因香果园维持会会长金茂文去求情，才被放回，但已受了重伤，不久就死去了。

你问我们有没有反抗的，不敢啊！当时，日本兵只要死一个，日本人打听到是哪个村子的人干的，就把这个村庄夷为平地。老百姓又恨又怕，不敢动手，所以日本兵一个两个都敢到处乱闯，嚣张得很。①

朴永心被带到滇缅

日军在滇缅前线建立了一批慰安所，要求后方将"慰安妇"们运往前线。据《新东亚》记载，1942年5月，由于南方派遣军的要求，包括南京慰安所的一批"慰安妇"们开始被军队押送，分配到缅甸所属的部队里。②由此，朴永心等与其他22名朝鲜"慰安妇"乘车集中到上海，然后在那里坐船，于8月20日左右，到达仰光。③当时一起到达的"慰安妇"人数约800人，其中700人是朝鲜妇女。

因此，这里的"慰安妇"相当一部分是从朝鲜诱骗、胁迫而来的，还有一些是从日本来的日本妇女。旅日韩国作家金一勉在《最后的悲剧像》一书中写道：

---

① 苏智良、陈丽菲2001年8月23日下午采访于潞江乡政府。

② ［日］西野瑠美子:《戦場の慰安婦——拉孟全滅戦を生き延びた朴永心の軌跡》,明石書店2003年版,第36頁。

③ ［日］西野瑠美子:《戦場の慰安婦——拉孟全滅戦を生き延びた朴永心の軌跡》,明石書店2003年版,第41頁。

北缅甸的山岳阵地，九州出身的"龙兵团"，带去了"慰安妇"，那是九州的天草女和朝鲜姑娘。没有女人就不能提高士气，他们白天恶战苦斗，晚上带着血与土回来抱女人。

配置在北缅甸一带的日本军中的"慰安妇"，约有1300人，其中最拼命抵抗的三据点守备队……云南的拉孟（腊勐）、腾越，北缅甸的密支那。拉孟有1300名士兵，在地下4米的仓库里放着弹药和粮食。13个阵地从地下连接起来，白天晚上可以自由来往。周围以铁丝网围着，也有三公里的水道，是一个要塞。这里有20个"慰安妇"（其中15个日本女人，5个朝鲜人）在壕沟里负责处理士兵的性欲。[1]

图3-5　日军士兵等候在广州市"望气楼"慰安所前。(西野瑠美子:《従軍慰安婦と十五年戦争》)

_____

[1] 这里的"慰安妇"国别记载有误。

由于后方运至的"慰安妇"数量不足，日军各部队"就地取材"，命令各地的汉奸傀儡组织强征当地妇女充当军事性奴隶。于是在滇西，有女人的家庭，都将妇女的鞋子藏起来，以免被日军发现后要"花姑娘"。一些妇女被迫躲入深山，过着野人般的生活。有时日军还派出武装进入村寨，强抓年轻妇女。在畹町、遮放、芒市、腾冲、龙陵、潞江等地，都有当地的傣族、汉族等妇女被抓入日军据点的记录和证言。日军官兵强暴当地女性的事例，笔者在腾冲、龙陵的多次调查中，听到过不少。不论何时何地，不论老小，日军只要抓到妇女就施暴，甚至还要放出狼狗来残害中国妇女。

当朴永心们进入缅甸的仰光时，仰光已经建立了30多个慰安所，而日军前线部队尚在向中国云南推进中，但前线部队要求后方尽快派遣"慰安妇"。于是，兵站司令部将她们分成20个人左右一个小组，分配到各部队，朴永心这一批被派去腊戍。

由仰光前往腊戍，一路经受磨难，有时是坐汽车，但有些地段公路毁坏，朴永心她们只能步行。穿越潮湿阴暗的热带森林时，大家被蚊子叮、蚂蟥咬，有些人染上了疟疾，隔天就发作一次，先是一阵阵发冷，然后是如火烤般的高烧，直至昏迷。历经磨难，朴永心们总算安全地到达了腊戍。

腊戍位于曼德勒东北部、南马河上游谷地的一个小山脊上，海拔860米，为滇缅公路的终点。滇缅公路通车后，该地是重要的陆路物资供应线，车辆昼夜不停地通过腊戍开往昆明，成为缅甸的重要城市，掸邦北部军事、政治、经济、交通的重镇。1942年，腊戍被日军占领后，该地也就成为日军在缅甸北部的重要据点。

图3-6　日军在东南亚各地设立了大量慰安所,其中不少是朝鲜"慰安妇"。(西野瑠美子:《従軍慰安婦と十五年戦争》)

当时，腊戌设有四个慰安所，一个叫"丸山俱乐部"（后来因为丸山大佐提出抗议而改了名，叫"共荣"），有22名朝鲜女性；一个叫"菊水"，有20名朝鲜女性；还有一个叫"桃屋"，有21名从广东来的中国女性；朴永心在一个名为"一角楼"的慰安所——也都是朝鲜女性。这时她被改称"若春"。①

据朴永心的回忆，在腊戌，到慰安所来的日本兵大多是坦克兵和步兵，一到周日，大量的士兵或者乘车或者步行，涌到慰安所。慰安所都建在离街镇不远处，街上有电影院、饮食店，为警备队开的酒馆、兵站的医院，还有专门供将校使用的"萃香园"。这里的日本人老板，有时会允许她们到街上走走，散散步，遇到特别的日子，甚至会同意她们去看一场电影，当然，还是有人管着。但自己打扮起来，和亲近的女伴一块，慢慢地在阳光下到街市上散步，这对朴永心们来说，是轻易得不到的恩赐，每次盼望到了，会激动得心都跳出来。特别是去看电影，老人至今记得，第一次看的，是一场宣传"大日本战争胜利"的电影，日本军队在战场上威武前进的情景，她到现在还记得。这里一般白天是士兵来，大多是十来个，晚上是将校来，那就只有一个了。她还记得，有一个晚上经常来的军官，名字叫"オオタ·ミノル"，个头不高，肤色较黑，样子看上去比较周正。和一般不把所里的女孩当人看的日本兵不一样，他从来不对可怜的永心使用暴力，所以永心把他记得特别牢。

---

① ［日］西野瑠美子：《戦場の慰安婦——拉孟全灭戦を生き延びた朴永心の軌跡》，明石書店2003年版，第48页。

在腊戌的这一段时间，是永心苦难的"慰安妇"生涯中，稍微可以喘一口气的时光。

腾冲的慰安所

在腊戌的慰安所约一年以后，朴永心被送往滇西前线的腾冲。

腾冲在高黎贡山脚下，县城称腾越城，全城有四万人口，自古为中国西南重镇，明朝时就筑有城墙，城墙几乎是正方形的，高约五米，外侧是石头，里侧是由积土建造的。当时，日军认为腾越城是一个在怒江地区"战略上的要冲"①。日军在这里布下重兵，与松山、缅甸的密支那构成了日军在西南战场的三大基地。

日军慰安所在滇西地区自然也到处都是。当时，日军也强抓当地妇女充当性奴隶。如，在腾冲洞山，有一位18岁的姑娘，名叫尹老焕，长得非常漂亮。日军占领洞山后命令她到军营服务，如果不去就血洗洞山村，维持会只得将她送去。在战争结束后，侥幸拣回一条性命的尹老焕回到了村庄，但这时的她，目光呆滞，反应迟钝，对生活失去了任何兴趣，成了一名精神病患者。②一次，日军偷袭潞西芒核村，抓走50多名傣族青年女子，装了满满一卡车，这些人多数音信杳无，有些被迫流落到缅甸、台湾岛内，个别回到故乡后，至今还没有勇气站出来指证。③

---

① ［日］防卫厅防卫研修所战史部：《伊洛瓦底会战——缅甸防卫の破绽》战史丛书，朝云新闻社1969年版，第227、289页。

② 2000年2月苏智良、陈丽菲云南调查记录。两年后受害者逝世。

③ 参见沙必璐主编：《血肉丰碑：侵华日军滇西暴行与滇西抗日战争纪实》，上海社会科学院出版社2003年版。

在腾冲，日军抓了不少中国妇女。抗战时期《扫荡报》记者潘世徵发文指出：

当时，日军还抓获30余名中国姑娘作"慰安妇"，中国军队已从四面将腾越城围了个水泄不通。中队长太田号称有坚强的武士道精神，实际上早已丧失了信心。他唯一的兴趣就是每日晚上到"慰安妇"那里去过夜。这是一个只有19岁的傣族姑娘，名字叫王娅琼。她每日遭受这个日本魔鬼的折磨，已无法忍受了。就在太田再次用粗壮的身躯压迫她时，她带着满腔的仇恨和无尽的屈辱，出其不意地抓坏了太田的睾丸。这使得太田狂怒不已，挥刀挑开了王娅琼的胸膛。①

图3-7　这里曾是腾冲县城日军第148联队的军官慰安所，以朝鲜妇女为主，全部穿日本和服。图为陈祖梁（左4）、陈丽菲（左2）和沙必璐（左5）等正在调查日军暴行。（苏智良2001年摄）

---

①潘世徵:《敌随军营妓调查——腾冲城内一群可怜虫》,《扫荡报》1944年9月26日。

腾越城是日军的中心据点，因此日军早在1942年占领该地后，就设立了一批慰安所。（图3-7）当时，日军行政班本部命令伪县长钟镜秋、维持会会长李子盛等强拉当地妇女（包括汉族、傣族妇女等）充当"慰安妇"。1944年2月3日的《新华日报》在"昆明通讯"一栏中报道：

> 敌寇去岁屡次犯我腾北，遭到打击后，大部敌兵都感觉厌战。敌酋无法可想，只得以强拉民间妇女（供）士兵娱乐来提高情绪。在腾（越）城西华街设立俱乐部一所，由汉奸强拉我妇女同胞14人，凡敌兵入内取乐，每人每时收军票5元，战地负伤者免费。该妇女等不堪蹂躏等，忿而自尽。[①]

在当时腾越城内的一个慰安所里，有朝鲜女子十四五人，名字叫花子、梅子、竹子、松子、广子等。城外也有一个慰安所，有朝鲜女子八人，名字有明美、音丸等。在孟连的慰安所里，也有朝鲜女子四五人。[②]

日军在腾冲县腾越镇的陈家宅，设有慰安所。该房屋原来属于陈国珍、陈国宝兄弟——他们在缅甸做生意。房屋结构为四合院，前后两院，还有两眼水井。此处的"慰安妇"主要是朝鲜人，有三十多个。日军在溃败前，或将"慰安妇"投入水井中。陈家主人回来后，曾从水井中捞出尸体，都是穿裙子、拖鞋的。[③]（图3-8）

———————————

①《昆明通讯》，《新华日报》1944年2月3日。
②［日］西野瑠美子：《従军慰安妇と十五年戦争》，第139页。
③ 2002年8月苏智良、陈丽菲云南调查证言记录。

图 3-8 战争的最后时刻，日军残忍地将"慰安妇"活活扔入陈家大院的这口井中。腾冲光复后，主人回来从井中竟捞出十多具尚未完全腐烂的妇女尸体。（陈祖梁提供）

　　明朗乡（今名荷花乡）的荷花池慰安所，由侵华日军第15集团军第56师团第148联队某大队（部队长江藤）开设。开办时间为1942年10月初至1943年6月底。前后历时约九个月。慰安所的房屋为木结构四合院，系强占前荷花池村民尹家令的民房开办。时有"慰安妇"一二十人，都是20岁左右的青年妇女，有日本人、朝鲜人和中国人，其中两名"慰安妇"尹某某和张某某是被日军胁迫进入慰安所的当地农村青年妇女。该慰安所由日军直接管理，由一名年纪稍大的日本妇女当管事。每个"慰安妇"的房门上都有编号和姓名，"慰安妇"不得外出，亦不准讲中国话。中国"慰安妇"由日本人教简单的日语，进行日常会话。日军官兵凭票进入慰安所，对号入房。被胁迫的两名当地"慰安妇"，张某某不久就伺机逃跑，尹某某在日军败退后亦逃离虎口去了缅甸。1943年6月30日，该部日军撤退到县城，该慰安所房屋被日军烧毁。"慰安妇"随日军撤入县城，以后之遭遇不详。原房屋被烧毁后，屋主人尹家令又在原址重建了茅屋居住，后又改建为瓦屋，但其规模已不如原建筑。

　　腾冲县城关南门内左所街慰安所是由第148联队开办。时间为1942年5月至1944年9月，历时两年多。慰安所房屋系强占左所街居民熊龙家的民宅，为中式四合院。该所有"慰安妇"二三十人，其中有日本人、朝鲜人、中国人，年龄多数在十八九岁至二十四

图3-9　腾冲文庙历史悠久,环境雅致,平日里书声琅琅。1942至1944年,这里却成了日军慰安所。(苏智良2000年摄影)

五岁之间。其中有日军强迫征召的当地中国妇女，中国妇女在慰安所内不准说中国话，说中国话就会遭受毒打，由日本领班教说一些极简单的接待用日语。"慰安妇"也不准出街。慰安所由日军直接管理，每个"慰安妇"的房门上都有编号牌，日军凭票进入慰安所，对号入房。"慰安妇"每人每天接待日军人数不等，少则数人，多则一二十人，开仗前夕或开仗之后接待日军人数最多。该所甚至规定，每个日军进入房内不得超过30分钟，其他日军在门外排队等待。

腾冲县的文庙颇具规模，前有宽阔的广场、水塘、石桥，进入大门后是雄伟的大殿，至今尚存。当时，文庙内的慰安所设在大殿的后面，是画梁翘檐的小殿，现在仍保存完好。文庙现在是腾冲文物管理所。①

腾冲攻坚战中的"慰安妇"

为支援中国抗战，盟军设计的援助路线是从仰光开始，经缅甸北部，然后到位于腾越平原中央的腾越城。1942年，因日军攻占腾越城，陆路援助路线中断，从而给中国抗战带来很大的困难。1944年春，随着世界反法西斯阵营势力的逐渐强盛，中国政府决定收复腾冲。

1944年5月11日深夜，中国远征军7个师在当地向导的引导下，从栗柴坝、大沙坝、勐古渡等地强渡怒江，一举突破日军的怒江防线，拉开了反攻作战的序幕。6月，远征军对腾冲之守敌第

---

① 2002年苏智良、陈丽菲云南调查证言记录。

图3-10　1944年夏,中国远征军反攻滇西,正在突破怒江。(森山康平:《フーコン・雲南の戦い》)

148联队发动了攻击。当时,日军把与中国军队的决战场地,定在地势险要的龙陵。因为抽出守备兵员去增援其他地方,腾越城日军的战斗力有所削弱,所以从6月下旬开始,盟军方面首先攻击日军修筑在腾越城周围山上的炮台,从7月4日起攻击腾越城的中央门和机场,最后顺利攻占腾越城。

在战争的最后时刻,来自九州的日军士兵吉野孝公(1913年10月7日生,战时担任卫生队本部的上等兵),从腾冲捡回一命。日后,他在回忆录《腾越玉碎记》中讲述了他所亲历的腾冲战役,以及"慰安妇"的最后岁月。

　　腾越城内有个慰安所,有"慰安妇"花子、梅子、竹子、松子、广子等。……在最后那段日子里,"慰安妇"们承担了部队的炊事工作,饭做好了就捏成饭团,冒着敌人的炮火送到战壕和地堡里,送到每一个把枪管打得通红的士兵手里。

图 3-11　1944 年 7 月,炮火过后的腾冲满目疮痍,图为中国远征军正在腾冲城下打扫战场。(森山康平:《フーコン・雲南の戦い》)

她们已经和部队结成一个整体了。

　　每个士兵的作用都必须得到发挥。如果让一名士兵去做饭,那么就有一支步枪打不响,它将直接影响"把腾越(即腾冲)确保,死守到十月"的师团命令,正因为如此,她们才向士兵提出:"让我们来干吧,请您上前线去,务必好好向敌人瞄准。"

　　回想起来,当时那些士兵对她们的行动并没有感动,"谢谢"或者"啊,真过意不去"这样的话,完全是 30 年以后的今天才有的感情,或者叫做感叹吧。

　　在当时,女人的行动大家都觉得是应该的事。

战国时代（日本的战国时代），武将和武士在城陷之日与妻子同归于尽，是一种很常见的事。杀死儿子还有泪，但是让妻子自杀时却不会哭，因为是断了后嗣更让人觉得悲痛吧！

她们不只是做饭团子。东边缺少弹药就拖着沉重的弹药箱往东边去，西边手榴弹打完了她们又抬着手榴弹箱往西边去，总之哪里需要，她们就上哪里去。一只铁皮弹药箱有五六十公斤重，她们有时一个人拖着那么大的家伙，咬紧牙关在地上爬；有时两人抬着一只，肩头和胳膊肘都磨出血来。有个叫君代子的姑娘，也是北九州人，平时很娇嫩的，连比茶碗重一些的东西也不曾端过。她和另一个女人合抬一只弹药箱，一颗子弹打中她的大腿，结果弹药箱砸下来，活活把她砸死了。

……战斗最激烈的时候，战场上已经没有男人女人之分了。女人和士兵穿一样的军装，头戴钢盔，她们不再是"慰安妇"，而是来自日本的战士。没有人退缩，也没有人哭泣，我想她们的心情一定变成了古代武将的妻子，随时准备同丈夫一道牺牲。我听许多当过士兵的人现在回忆说，长时间同她们在一个部队，越是远离日本，她们就越是变成士兵的一部分了。

后来，司令官令焚烧军旗，砸毁电台，全体官兵准备"玉碎"。有个叫爱子的千叶姑娘，平时对一个年轻的A少尉有感情。9月11日，敌人总攻击开始，爱子就脱下军装和钢盔，换上干净漂亮的和服，来到正在地堡里战斗的A少尉身边。她当着惊讶的士兵们对少尉说："求求您，请杀死我吧！"这就是"美丽的死"，即死在自己爱人的怀抱，也就是理想中

日本人のほかインド人、ビルマ人も
捕虜になった（騰越　9月16日）

图 3-12　1944 年 9 月 16 日，中国远征军在腾冲城俘虏的日伪军。(森山
康平:《フーコン・雲南の戦い》)

的情死。

　　A 少尉面对跪在地上的爱子姑娘，一时间竟然呆立不动。
爱子急了，流着眼泪说："您要是不杀死我，我就留在您身
边，直到敌人把我们一起杀死。"

　　所有的士兵都被爱子感动了，他们默默地望着 A 少尉，
眼睛里流露了责备的意思。人与人的心理感应，恐怕只有在
死的时候才能相通吧。A 少尉眼圈通红了，沙哑着嗓子说：
"爱子，我明白你的意思。你的决心好极了，我很快就跟着你

去。"说完，拔出手枪朝爱子的耳根开了一枪。爱子晃了晃，一头栽倒在地上。A少尉连眼睛也没有眨，转过身又继续战斗。当天夜里，这座地堡被火焰喷射器摧毁，所有的尸体都烧焦了，无法辨认。

同一天，有三名日本"慰安妇"学着爱子的榜样，被自己爱恋的士兵杀死。

据说有个叫清子的静冈"慰安妇"，被所爱的人拒绝开枪，就绝望地爬出战壕，迎着敌人的枪弹走去，士兵们还没有来得及去拖住她，敌人的机关枪就把她的身体扫得好像马蜂窝……

士兵们全哭了，他们悲痛地喊着："你们为什么要去死？死，有我们足够了！士兵就是为死而来的。你们是女人，不是士兵，请你们务必要活下去，活着回日本！……①

毫无疑问，吉野孝公的笔下有不少是溢美之处，且只限于日本"慰安妇"。事实上，松山阵地上的"慰安妇"，最后是被日军士兵用升汞片毒死的，不愿被毒死的女子，则逃了出去。金一勉写道：

1944年春天，中国军队5万人包围了拉盂，一天射入数千发炮弹，空中也投下炸弹，硝烟与尘土风沙，使前方都看不到。日军阵地内，四个一组分七个班（一共28人）充当敢死队偷袭中国阵地，他们改穿中国军服，手持手榴弹及步枪，出去夜袭。这些敢死队出发前，都特别让他们搂抱"慰安

---

① [日]西野瑠美子：《從軍慰安婦と十五年戰爭》，第14、126、141頁。

妇"，日军到最后时刻还把战斗行为和性行为连在一起。阵营中生存的士兵，也有突然发生精神异常而逃出去的。[①]

终于，远征军四千人奋勇攻进了城。双方在南城展开激烈的白刃战，结果二百个日本兵被击毙。这时，27岁的太田守备队队长眼看末日来临，只得作最后的交代，处置军旗及重要文件和武器，他命令留下500个手榴弹做最后自杀用，并把女人们一起杀死。在他看来，"慰安妇"们如果投降中国，日军内情有泄密可能。当时"慰安妇"们因恐怖与疲劳，正在战壕中挤做一堆睡着了。太田向一个中士说："这些女人只需两个手榴弹就可以解决了。"可怜的这些朝鲜女孩被骗出故乡，长期在中国大陆辗转为日军性奴隶，供数千数万日本兵蹂躏，不仅没有得到任何报酬，最后又被手榴弹炸得血肉横飞，魂落异乡。

朴永心在腾冲

腾冲之战打得非常惨烈，中国军队使用了火焰喷射器。以富庶著称的腾冲城，战后完全成了一片焦土，因此被称为"焦土战"。

美军摄影记者还拍下了在这场腾越战斗中死亡"慰安妇"的照片，也保存在美国的国家档案馆里，他们甚至细心地将一大批尸体的照片，作了"日本人尸体""朝鲜人尸体"的分类处理。

照片3-13（在腾越城内城墙一角落的乱尸，1944年9月15日），这张照片中的场景很值得注意，如果仔细辨别，可以看到从

---

① [日]金一勉：《天皇の軍隊と与朝鮮人慰安婦》，第237页。

图3-13　腾越城的城墙脚下,散乱的日军死尸。(1944年9月15日摄,原件藏美国国家档案馆,森山康平:《フーコン・雲南の戦い》,池宫商会1984年版,第138頁)

左边的土墙到右边中央的白墙上,留有大量的弹痕。腾越城的战斗经过,是从城墙的南门、西门、东门、北门向东北角逼近,东北角是最后阵地。照片上标注的日期是腾越城失守后的翌日,即15日,将以上因素综合起来考虑,这张照片恐怕是在东北角的最后阵地一带拍摄的。

女性の遺体で埋っていた。ほとんど朝鮮人だった（騰越　9月15日）

图3-14　三名中国远征军士兵奉命在腾冲郊外埋葬这些"慰安妇"的
尸体（1944年9月15日）。（原件藏美国国家档案馆。森山康平：《フー
コン・雲南の戦い》）

　　在照片中央偏左横躺着二具尸体，左边的一具衣服上翻，显
然是由火焰喷射器的火焰所致，从露出的胸脯来看，明显是女性。
由于卷起了衣服和左手，脸面几乎看不见，只能看到一点点从鼻
子到下巴的部分，从肚子到大腿部留有火伤的黑色伤疤。这张照
片下面注有"日本兵士及女性的尸体"的说明，并把"女性"两
字用水笔加深过。
　　照片3-14的说明是："埋葬尸体的三个中国兵和女性的尸体，
1944年9月15日拍摄。"一看这张照片的背景，就知道拍摄地点不
是在腾越城内，尽管照片说明写的是腾越城周围的某个地方。照

片中可以看到树木、远方的山脉，从整个画面的环境来看，这儿是个斜坡。这张照片上的场所应是矗立在腾越城南的来凤山一带，是日军修筑炮台的樱、松、梅、白塔高地等阵地中的一个。照片左上角的山顶应该就是来凤山。

从中国士兵捂着鼻子的样子看，尸体的腐烂程度好像相当厉害。尸体上的许多黑点点被估计为苍蝇。这些尸体可能是城陷前被日军遗弃在那里的，也可能是把炸弹丢进地壕里活埋的。但是，从横七竖八暴露着的尸体，从照片上"呆立在那里感到不可思议的中国士兵"的说明，还有苍蝇密集的状况等，可以判断，尸体暴露在那里已经有相当长的时间了，也许日本军队撤离的时候就是那样。

中国远征军开始进攻来凤山的时间是6月27日，战斗激烈的总攻击是7月10日、23日和26日。在最后总攻之时，日军守备队和城里面日军的联络中断了，27日黄昏守备队逃出城，接着放弃来凤山阵地。远征军占领来凤山之后，乘胜进攻，于是在北面展开夺取腾越的攻坚战。在远征军强大的攻击下，日军的城墙防线被突破，双方军队又展开争夺街道的战斗。照片上的那些尸体恐怕是在日军放弃来凤山阵地、部队撤离时留下的。如果是这样的话，这些尸体应该在那里暴露了一个半月之久——腾越城攻破后，才被远征军和美军摄影记者发现。

战争是一件多么残酷的事情！

当时，有一位中国军人名叫张兆楷，为战地部队通信连连长。在《腾冲战役期间的军队系列》一文中，载有张兆楷关于照片来历的说明：

日军被消灭后，我军开始打扫战场，在西城墙的土穴里发现了三个女性。年龄20岁左右，容姿端丽，但头发散乱，她们像惊弓之鸟一般露出惊恐的神态，害怕被杀死。经过详细询问，原来是台湾同胞，被日军强制充当了营妓。军妓院里不止她们三人。笔者攻入腾冲城内，战斗结束后，在城内巡视时，到处是人体烧焦所散发的臭气。在一个大洞里，至少有二十具死尸。里面还有化妆了的女人，穿着时髦的服装，呈现出露出胸部的半裸体状态。这些都是妓女的尸体，散乱在土坑里。她们身上没有枪眼，但两穴有枪洞。子弹是从左面射入，又从右面射出，就此毙命了。这是在日军全灭的最后一日，军妓出逃，而给她们以"帮助"的那些日本兵对她

图3-15　远征军在腾冲攻坚战后俘获了18名日军"慰安妇"。(美国国家档案馆藏)

们下了毒手。而余下的三个女性，日本兵在慌乱中顾不上而逃脱了。那三位女性是幸运的。我们将三位女性送回了台湾。

远征军占领腾越城之际，发现多数"慰安妇"已被日军杀死，有一部分被救出而成为俘虏，她们的名字已难以全部复原，但其形象被永远留在了历史照片上。照片3-15①原来是二张，合起来是完整的。照片上的妇女有朝鲜人，也有台湾人。这张照片被远征军第198师第592团团长陶达纲保存，刊登在他的著作中。有关拍摄这张照片时的状况，陶达纲作了如下记述：

> 友军的53军各部队也勇敢地冲进腾越城内，25日下午，腾越城内的日军完全（被）消灭。我军捕获武器无数，有野炮、山炮、速射炮、轻重机关枪、步兵枪、骑兵枪等。俘虏中有女性三人，年龄为二十多岁，剪短发，狼狈不成人形。她们由于饥饿和紧张，极其疲劳，说的是混杂着日语的台湾话。她们是日军中的"营妓"，日本军的兽性暴露无遗。问她们话，谁也不懂她们的回答，面对眼前的三个柔弱者，我决定马上送往后方。她们是由我军从洞窟中找到的，是何等的凄惨、可怜。她们是由于日军的胁迫而成为"营妓"的台湾女同胞，实际上她们异常憎恨日本军的行为，都想揭发他们的狠毒。

----

①参见陶达纲：《滇西抗日血战写实（民国三三至三四年）》，台北"国防部"史政编译局1988年版。

这张（图3-15）照片是在1944年9月15日拍摄的。①在腾越城内的巷战中，她们是在怎样的状况下成为俘虏的呢？遗憾的是，细节现在已经很难复原了。日军的最后阵地在腾越城内的东北角附近，相隔不远的是横亘城墙脚下的尸体，估计她们应是在附近的土洞里藏身。不管怎样，18名"慰安妇"生存者是幸运的，她们终于从野蛮的战争中得到解脱，终于从性奴隶的状态下解放了，其中左侧第2位"慰安妇"怀抱的孩子露出了半个脑袋。在历史档案里，她们被送到后方，之后没有详细的记载。

在她们当中，有和朴永心一起送来的姐妹，只是，永心这次没有得救，她被日军送上了最前线。

约在1944年初，朴永心被送上卡车运到了腾冲。她记得车厢里还有日军士兵。那时，途中的田野里开着黄色的花，非常多。朴永心坐在军用卡车的货厢里，一边被颠簸的卡车摇晃着，一边凝视着路边的花朵。

朴永心在腾冲呆了几个月的时间。就是在这一段时间，她怀孕了。时间约在1943年末或1944年初，也就是留下那张裸体照片前一点的时候。1944年4月，朴永心被送往松山战场。

如果她一直留在腾冲，也许她会被日军杀死，或者被中方的

---

①根据陶达纲的记录，照片是在25日下午拍摄的。但是，收复腾越是14日，所以25日的时间记录恐怕有误。即使在收录于台湾的记录《中华民国重要史料初编——对日抗战时期 第二编：作战争经过》中的9月14日的战斗报告里，也写到"俘虏军官3人，士兵52人，营妓18人"。附在报告里的照片说明是"台湾人3人，朝鲜人2人，剩下的是日本人，合计18名营妓"，完全一致。因此25日有可能是15日之误。在14日成为俘虏的"慰安妇"中，团长把台湾人3人特别提到前面，并考虑第二天面见她们。

炮火所毁灭。但在大战临近的时刻，她被日军派到更前线的龙陵去了。想不到拖着有孕之身的朴永心因此而幸存了下来。

根据我们的调查，朴永心和她的朝鲜姐妹们是被日军征用梁河、盈江、固东等地当地人的马队，由腾冲送往龙陵的。当地民众告诉我们，他们听长辈们说起过这样一件事：他们起先并不知道是去送女人过山。赶马人本来就极为仇恨日本侵略者，如今听说骑在他们马上的女子，都是供日本兵用的军妓（赶马人当时还不知道"慰安妇"一词），更是蔑视和憎恶这些"下贱的脏女人"。"我们的骡马被她们骑过后，会倒霉一辈子的。"于是，途中他们用土语联络，有意刺激骡马，使骡马乱蹦乱跳，朴永心们坐在马背上，一路狂颠，好像五脏六腑都要翻出来了，十分难受，有人甚至哭叫起来。赶马人故意嘲讽："这些大小姐，好久没有骑马了吧？""慰安妇"们没有回答，旁边就有人应道："不是的，她们是只供别人骑的。"弄得"慰安妇"们十分羞愧，又不敢回嘴，只能默默地流泪。马队驮着这些朝鲜女子，顶风冒雨，翻越高黎贡山。后来，赶马人了解到"慰安妇"们也是苦命人，受日军的监控和欺负，便生出同情之心，不再为难她们了。马队白天行走，晚上点篝火宿营。大约花了三四天的时间，才终于过山，来到了龙陵。

龙陵的日军慰安所

山川秀丽、四季如春的龙陵，是中国内地通往滇西边疆及缅甸、印度诸国的咽喉重镇，古丝绸之路就是从这里通过。为保卫其东南亚防线，日军在这里重兵把守，尤其是据于天险的松山，防守这里的是日军第15集团军第56师团。根据师团长松山佑三中将和他的参谋们的命令，第56师团在龙陵各处设立了大量的慰安所。曾担任松山日军守备司令的步兵第113联队长松井秀治大佐，在回忆录《波乱回顾》中记录了设置慰安所的过程。

　　必须考虑为了年轻士兵的事情，即设立慰安所。根据上司的训示，近十七年（昭和十七年，即1942年——引者注）年底时，官兵们就提出了进入慰安所的申请。在拉孟（腊勐）最前线，有的地方属于敌人超远程炮的轰击范围，且也没有多余的房屋，所以最初并不打算设立慰安所，只是允许官兵到镇安街的慰安所去。但士兵们到镇安街去属于外出，很不方便，并非长久之计。于是，官兵们强烈希望在拉孟设立慰安所。因为没有合适的场所，就选在纪念碑高地和里山之间开辟空地，由各部队派出人员，建造起两层的房屋。由于干活的士兵非常努力，所以仅用了数天时间，就建起了拉孟阵地上最漂亮的建筑物。到这年底，在军队的帮助下，有十名半岛人（日军当时轻蔑地称朝鲜人为"半岛人"——引者注）"慰安妇"来到这里。十八年（1943年——引者注）夏天又有十名日本人和半岛人被派遣而来。而最初的那十名半岛人于十八年与龙陵的"慰安妇"进行交换。以后到十九年（1944年——引者注）6月由于后方交通被阻断，已无法撤往后方，遂与拉孟的官兵共存亡。这些女性原先只是"慰安妇"，而到拉孟被包围时则完全变成了日本妇女，她们拾掇士兵的服装，做饭，看护伤员，不惜自己身体地拼命劳动，也真是可怜。

图3-16 龙陵董家沟慰安所旧址。该幢精美的木结构建筑已摇摇欲坠。2003年底,经多方呼吁,当年政府决定将其列入保护单位。(苏智良1999年摄影)

松井秀治提到了松山和龙陵的"慰安妇""进行交换"的事实，这是在我们的调查中，经常听到这一地区的慰安所应士兵要求所设，而"进行交换"据说目的是为了让士兵们"有新鲜感"。

根据我们的调查和书面材料，龙陵县董家沟慰安所系侵华日军第56师团第113联队开办。开办时间为1942年6月至1944年11月，历时两年半。慰安所房屋系强占董家沟董家大院开设，该民宅为木结构四合院。两层楼房，现仍保存完整。该所有"慰安妇"二三十人，有朝鲜人、中国东北人、日本人。"慰安妇"年龄一般在20岁，每隔一段时间"慰安妇"就有些调换。慰安所由日军直接管理，每个房间都有号牌，有领班的"慰安妇"，日军凭票入内。该所"慰安妇"大部死于战火中，少数被俘。

龙陵县白塔慰安所由第113联队开办，开办时间为1942年5月至1944年11月。历时两年多。慰安所的房屋系强占民房，时有"慰安妇"二三十人，有日本、朝鲜及中国妇女。中国妇女不准到街上走动，年龄一般为十八九岁至二十三四岁。其他情况不明。

龙陵县龙山卡慰安所由第56师团第113联队开办。开办时间为1942年夏天至1944年秋天，历时两年多。慰安所设在龙山卡的一家民房内。有"慰安妇"20多人，年龄大多在二十四五岁，也有十六七岁的，其中有日本妇女、朝鲜妇女、中国妇女，也有被抓去的当地女青年。一位不愿透露姓名的中国籍当地人"慰安妇"告诉笔者，日军曾向龙陵县维持会要求派给六百名"花姑娘"。维持会说，龙陵县小，没有这么多"花姑娘"，只给日军送去了十几名"花姑娘"。该慰安所由日军直接管理，"慰安妇"每隔一段时间就有调换。中国远征军反攻滇西时，有的"慰安妇"死于战火，有的被俘，有的下落不明。

在战争的最后时刻，也就是1944年的秋天，龙陵的"慰安妇"们也难逃劫难。据美军资料中后来被俘的人贩子、日本女子K的谈话记录："说来是非常遗憾的事情啊。那是1944年的事情，我所在的慰安所里的女孩子们逐渐向各地转移，腊勐的日军处境困难，逐渐被中国军队所包围了。"当时，K被日军命令到为军队服务的商人那里"慰安"，而其他的"慰安妇"全部跟着日军行动。这时，日军已决定杀死"慰安妇"。一名下士命令"慰安妇"们全部到壕沟里去，然后士兵们残忍地往壕沟里扔了手榴弹，于是这些"慰安妇"就这样惨死在日军的手榴弹之下。

关于日军向随军"慰安妇"投掷手榴弹的事情，中国军队在1944年9月6日有一记录，说松山的黄家水井附近，发现日军尸体共106具，其中中佐1人，还有6具女尸。[①]这件事情在我们2000年2月云南调查时，得到了黄家水井当地人回忆的印证。

松山大垭口慰安所

李连春，生于1924年，原名李要弟，是龙陵县腊勐乡白泥塘村一户普通农家少女。

在被强征为"慰安妇"之前，李连春曾被日本士兵当街强奸过一次，但当天并未被日军带走。

据老人回忆，那是在1942年8月左右，她年仅18岁。当时是

---

① ［日］西野瑠美子：《戦場の慰安婦——拉孟全滅戦を生き延びた朴永心の軌跡》，第136頁。

夏天，那时为了补贴家用，她和妹妹每天上山打些马草背到街上去卖。某日她与妹妹去卖马草时，突然来了一群日本兵，李连春东躲西藏，最后还是被抓了出来。妹妹因为年纪还小，躲藏得好，当时逃过一劫。

日本兵解下绑腿将李连春绑起来，又用布把她的嘴堵上，那天被绑架的还有几十个妇女……李连春就是这样在路边被日军强奸的。

后来，李连春的父亲被日军强征为苦力，期间挨了打，回到家后大病一场便去世了。李连春则被叔父嫁到了沙水村一家姓苏的人家。婚后，由于苏家太穷，李连春就从苏家逃了出来，在逃到白泥塘村的路上时不幸遇到了日本士兵，之后就被强制带到了松山大垭口慰安所。

在慰安所内，李连春过了一年多非人的悲惨生活，一天只吃两顿饭，用过日本人给的不明药品，一开始穿自己的衣服，后来被迫穿上了和服、梳日本人的发饰。

图 3-17 陈丽菲来到秉塞大山里的李连春大娘家，了解老人受害的细节，这是在灶间里聊家常。(苏智良 2001 年摄)

李连春说，她在慰安所里没有名字，日本人就叫她"花姑娘"，也没有学过日语，一些日本兵会说简单的中文，她也逐渐听懂了一些简单的日语。日本兵白天来得少，晚上来得多。当时有的日本兵也会挑女人，长得漂亮的妇女，去找她的日军就多。

李连春表示，大垭口慰安所没有给她们发过工资，她们的生活费是自己在慰安所空闲时"缝衣、做鞋"，再拿到腊勐街上去卖钱后挣的，"换点吃的、用的"，去街上时，会有人专门看着她们。

日本兵会殴打"慰安妇"。李连春的左肩上曾有个伤疤，就是被日本兵用嘴咬伤后留下的。

因不堪虐待，在慰安所内待了大概一年多时间之后，1943年某月，李连春便伺机逃出了大垭口慰安所。

当时是一个凌晨，她在一位本地老乡放牛人的帮助下，在茅房里换了放牛人的衣服之后从慰安所成功逃跑。当时李连春不敢走大路，她沿着大山一边讨饭、打零工，一边走，就这样跑了几个月，后来到了一处集镇，实在没办法了，就嫁给了一户当地人家。但当时李连春在这里过得也不如意，于是不久后又跑了出来，跑进了大山里。据李连春大娘回忆，当时她躲在秉塞大山上的一处凸出山崖的石头下，"就是等死了"。再后来，一位行医的男子上山采药时发现了李连春，只见李连春头发乱糟糟的，眼睛发炎得快要瞎了，男子觉得她可怜便收留了她。后来经过调养，李连春逐渐恢复健康，再后来这位高姓男子不顾家人反对，娶了李连春。婚后，两人一直生活在大山里，经过多年调养生息，李连春才逐渐恢复了生育能力。此后，李连春一直隐姓埋名，直到1998年才公开向外人诉说她的不幸遭遇。

2004年1月，李连春老人因病去世，令人遗憾的是，老人向日

本政府讨个公道的心愿至死都没能完成。

腊勐日军慰安所

至于朴永心,她被带到的并不是以上几个慰安所,而是到了龙陵的松山前线——腊勐慰安所。

腊勐是日军在松山的主要阵地之一,日军自然也要在这里设立慰安所。该所有两个男主管,还有领班、门卫、役夫。"慰安妇"分为两组。平时,日军凭票进入慰安所。第56师团卫生队的高桥实军医中尉、户田寅彦军医少尉、联队部的清岛长典军医少尉、卫生兵鸟饲久一等兵和吉武伊三郎伍长等人,每周来给"慰安妇"检查身体,给患有淋病的"慰安妇"注射针剂治疗,让日军安心奸淫。①腊勐慰安所,也就是朴永心所到的最后的慰安所。

---

① [日]品野实著,伍金贵、喻芳译:《中日拉孟决战揭秘——异国的鬼》,群众出版社1992年版,第149页。

腊勐，日军称作"拉孟"。如前所述，慰安所的房屋是日军守备队队长松井下令建筑的，原料主要是松木，大多采自阵地南面的山谷。日军老兵太田毅的回忆录《拉孟——玉碎战场的证言》讲述了该慰安所有"慰安妇"生育婴儿的故事。

> 松山的慰安所设立于1942年的年末，那里有15名朝鲜人和5名日本妇女。1943年有位叫雅子的"慰安妇"曾怀孕，最后由军医池田文字雄负责接生，并给这个孩子取名为"猛雄"，其意"猛"是纪念在"拉孟"出生，"雄"则因为是他所接生的。据说这位雅子和她的孩子被移送到龙陵，结果不得而知。①

"慰安妇"们接受体检，负责腊勐慰安所防疫的是卫生队的伍长吉武伊三郎。如果患了性病，这名"慰安妇"的房门口就会贴出布告，以禁止日军官兵进入。卫生兵品野实在《异国的鬼》一书中写道：

> 朝鲜女子很年轻，看上去大多十八九岁，也有的能讲非常好的日语，对日本兵来说，这样的女子太少了。而日本的"慰安妇"多是二十四五以上的年龄，从妓院转过来的职业卖淫者。体检之日，尽管她们把下身清洗了又清洗，但用医用内窥镜一诊断，就能看到子宫颈口里面有不少脓点，几乎都

---

① 根据我们2001年的调查，腾冲至今还有日本兵和"慰安妇"所生的后代，他曾是一家工厂的厂长。

患了淋病。士兵因此也有患淋病者。这就需要每天都认真注射治疗。当时，药都是事先准备好的。

朴永心清楚地记得，她到的这个慰安所的房屋是木造的平房，材料就是当地的松木，一长排的房子，用板隔开，形成十多个房间。在慰安所的生活，受害者和日军士兵的回忆截然不同。根据西野瑠美子对日本老兵的采访，日本老兵非常喜欢"若春"，尤其是她唱的歌。"若春，唱个第18号的歌。"第113联队第1机关枪中队的士兵早见正则，被俘后被送往昆明的俘虏收容所，他回忆说："若春"的歌唱得非常美。老兵太田毅也曾回忆，当时在松山的"朝鲜'慰安妇'中有一个叫'若春'的22岁的姑娘，真名叫朴永心，是一个歌唱得好、性格好强的姑娘。"[①]

然而朴永心却认为这是无奈的行为，唱歌给日本兵听，并不是自己所喜爱的。她回忆这段苦难的日子：

> 我们被带到了松山的日军驻地，在深深的山林里有很多猴子和蛇。到了漆黑的夜晚，在寂静的黑暗中只有让人害怕的风吹树叶的声音。终于来到了地的尽头——那种绝望感，我真是胆小……慰安所的建筑物是简陋的长屋样式的挖井小屋，一到星期天，日本兵就蜂拥而至，就算想逃跑也不知道在哪里，也没有人帮助我。[②]

---

①［日］太田毅著，伍金贵译：《松山——全军覆灭战场的证言》，云南民族出版社2010年版，第289页。

②［日］西野瑠美子、金富子：《証言未来への記憶 アジア慰安婦証言集》第1册，明石书店2006年版，第31頁。

为了缓解无法回家的痛苦，朴永心与其他姐妹有时会高喊："我想回家!"她们吸食鸦片，有意让吗啡的毒素麻醉自己的神经。好在慰安所的周围，满山遍野都是罂粟，要取得鸦片是非常容易的。就在远征军强攻的时刻，朴永心和姐妹们也曾弯着腰跑到罂粟地去采集叶子，回来咀嚼以解瘾。

2000年，我们去云南调查时，记录了不少当时人的回忆。71岁（2001年）的李德旺，出生于松山村，他说：

当时在松山驻扎有两三千日本兵，有个大队部就驻在对面的寨子里，我们寨子里也有不少日本兵。日本军官叫佐田太君，个子不高，穿着黄色的军服，年龄约40岁。我们寨子当时有42户人家。后来几乎都被日本兵杀光了。我的父亲、哥哥都是被日本人杀的。

我的父亲李正声，当时40岁，我的哥哥叫李顺宝，当时15岁，我那时11岁。日本人来到我们寨子，抓着我要我带他们去找大姑娘，我不肯，他们就打我。当时，姑娘们都躲起来了，但还是被日本兵抓住了一些。如杨永娣、杨小俊、何六凤、张凤英等，都被日本兵强奸了。张凤英还被日军的狼狗强奸了，后来被打死了。日本兵都是当着丈夫的面强奸他的妻子的。有个日本兵要我的哥哥李顺宝强奸妇女，我哥不肯，就被刺了一刀。当时，我亲眼见到被枪毙的有四个人，是李某某、严老舍、郭某某等，这是在1942年农历七月和九月发生的事。我家共八口人，死了四口人。

日本兵常来抓姑娘，强奸完了就带到营房。我们寨子上

图 3-19 腊勐乡大齐树村的杨家运,14 岁时被日军征用干杂活,日军士兵叫他"三郎"。(苏智良 2001 年摄)

被带到营房的有三位。这三位老太都很长寿的,分别在 96 岁、94 岁、92 岁时去世。其中有一位叫施换弟的,被日军拖去山上轮奸,她假意对日本兵说受了伤不能走路,央求鬼子去山下牵马来,说是愿意去营房。结果日本兵去牵马时,她赶快逃到潞江坝,后又逃回家了。这个人一个月前才病死。

75 岁的阎永宝,是黄家水井村人,他记得这一带有两个慰安所,一个在大垭口,即腊勐慰安所,另一个在大龙,即狼坝寨,也叫关山阵地。有些是强拖当地妇女充当"慰安妇"的。同年龄的杨家运是大齐树村人,当年曾被日军抓去干杂活,那情景至今还记忆犹新:

　　日本兵来时,我 14 岁,被日军抓去做工。日本兵给我起了个日本名字叫"三郎"。他们好像很喜欢我,每个月给我 15 元国币。有时还给我三五元的零花钱。他们有时会抱我、亲我、咬我。我每天给他们做两顿饭，我当时在日本兵的行政本部中干活，做了有一年多吧。所以会讲一些日本话。有时还帮日本人当当翻译。一般日本兵也会说一些中国话。我当时不肯留在那里，日本兵硬要留我，让我跟着部队开拔。我说我还要读书呢，就想办法走掉了。

腊勐乡这边的慰安所，有两座房子。大约有四五十个妇女，周围有篱笆围着，屋子用石灰刷过，是这一带比较好的房子。每个妇女一小间，一张铺，一间房屋不超过六平方米，床是木床，由日本士兵做的，战后我们进去瞧过。我看到过三个朝鲜"慰安妇"赶街去，穿着短袖短袍裙，很漂亮的。慰安所里也有"满洲姑娘"，她们都穿着高跟鞋，一般年龄十七八岁到二十五六岁之间。这里三个月换"警兵"，即抓当地民夫，用来站岗放哨做杂活。

战争即将结束时，这些"慰安妇"老是赶着士兵叫"しせ哥哥，せこせこ"①，好像她们害怕士兵将她们抛弃，很想找个靠山保护。后来，她们有些被日本人杀死了，有的当了俘虏。当俘虏的都会说一些中国话，最后被遣送走了。②

李正早，生于1928年，龙陵县腊勐乡松山村人，日军侵入滇西时曾被日军强征为苦力马夫，当时只有15岁。远征军反攻战开

---

①根据我们几十年来在中国各地的调查，人们对日本兵挂在嘴上的发音为"筛古""晒谷"一词记忆极深，其实这是日语外来语的一个词汇，即英语"sex"(性交)的日语发音，"せこせこ"就是这一发音的记音之一。

②苏智良、陈丽菲2001年8月25日采访于龙陵县腊勐乡大垭口村公所。

始后，他离开日军，成为中国军队的向导。据李正早老人战后回忆，日军占领时他在松山镇安街上看见过朴永心等朝鲜"慰安妇"：

问：据说，日本人把您抓去做马夫，是真的吗？

答：真的。日军向当地群众派粮食、派骡马、派马夫是常事。当时，我才15岁，被派到松山帮日军放马，做日军马夫。

问：您做日军马夫期间生活怎样？

答：吃的还算可以。每顿都有牛肉罐头、豆芽、白豆腐等。吃的菜饭与"慰安妇"的一样，同吃一锅饭，只是吃饭地点不在一处。她们在大垭口慰安所吃，我在日军后勤处吃，相隔几百米。

问：您能说说放马的具体情况吗？

答：能说。当初去放马，害怕日军打骂，不敢接近他们。后来逐步接近他们，有时他们给我几个糖吃，有时他们教我讲几句日本话（此时，李正早老人讲了些日本话）。我发现他们不骂我，也不打我。有时候我就把马放在慰安所附近，偷偷地去看她们唱歌、跳舞。

问：您能说说慰安所的大概情况吗？

答：能说。初期，没有"慰安妇"，日军到村寨乱来，他们牵着军犬，到村寨里强奸妇女。他们强奸过后又强迫妇女与军犬相交，如果不服从，就处死。后来，找来了"慰安妇"，日军到村寨作乱的事减少了。大垭口慰安所有30多人，松山半山腰汪塘处也有慰安所，有多少人，我不清楚。她们经常流动，不固定在一处。她们经常坐着车去镇安街。我经常放马到她们附近，听她们唱歌，看她们跳舞。见习惯了，日军不骂我，她们也不骂我。有时候，她们喊我去跳舞，我不会跳，她们教我，还用外语逗我玩；有时候，她们没有事，就跑出来，到山上与我一起放马、聊天。一个朝鲜姑娘告诉我，她叫朴永心，是被强迫来的，很不愿意。（李正早老人沉痛地对我们说："我们都是受害者。"）①

在慰安所的日子里，朴永心唯一的心愿就是早日回家：

我为了散心经常唱朝鲜的歌曲，因为在日本人中歌唱被批评过，也因为歌唱得好被日本兵要求唱歌。

吃饭是在慰安所之外的食堂里吃的。部队里有中国人和印度人，做饭是他们的工作。吃饭比在南京和腊戌等地还要粗糙，饭上只放了一点点菜。像这样艰难的生活要持续到什么时候，想活着回到故乡，日日夜夜只有这一个想法。②

血战松山

松山属高黎贡山山脉，位于怒江西岸，在今保山市龙陵县境内。松山雄踞怒江西岸，山顶海拔2200米，山势险峻，山峰棋布，沟渠交错，地形十分复杂。松山是滇缅公路的咽喉要地，山麓中

---

① 张荣校：《"我们都是受害者"——采访当年日军马夫李正早》，龙陵县政协文史资料编委会：《龙陵抗战见证录》，第162页。
② ［日］西野瑠美子、金富子：《証言未来への記憶 アジア慰安婦証言集》第1集，明石书店2006年版，第32页。

有滇缅公路的咽喉——惠通桥。松山防线易守难攻，战略地位十分重要。日军占领松山后，用两年的时间在腊勐构筑起大小堡垒24座，堡垒之间有坑道相连，松山成为日军在滇西的核心防御阵地。

腊勐是松山的主要战场，守备这里的是日军第56师团第113联队、野战炮兵第56联队的1300人。这一支由九州兵组成的部队凶悍无比，因为日本九州是武士道的发源地，所谓"九州兵"也就成了军人的"典范"。

1943年，日军的战略专家预见到松山作为支撑滇西和缅北防御体系重要支撑点的作用凸显为首位，遂拟将松山建设为永久性防御要塞。日本缅甸方面军第15军命令第56师团派出工兵联队，并从中国滇西、缅甸、印度等地强征民夫1670余名（其中印度人80余人，东南亚华侨138人），在松山昼夜施工。为保密，工事完成后，1944年2月21日至25日，日军将抓来的民夫以打防疫针为名，全部秘密注射处死，并焚尸掩埋，战后盟军在大垭口曾发现"千人坑"，即为此证。为防止中国军队的攻击，日军做了一系列的准备，部队挖成四通八达的地下坑道系统，守备队可以在必要的时候全部进入山头底下的坑道内，连弹药库也设在地下四米深处。缅甸方面军司令河边正三在写给南方总军的报告中称："松山工事的坚固性足以抵御任何强度的猛烈攻击，并可坚守八个月以上。"另据日方《缅甸作战》资料，可知："建成后的松山阵地枢纽部可承受中口径火炮直接命中，阵地内储存了作战物资，可坚持至少三个月战斗。"

早在收复腾冲之前，远征军已发动了松山战役。由于日军的控制，惠通桥无法修复，1944年6月1日凌晨，第11集团军一个

图3-20　1944年7月17日,惠通桥。中国民工们往松山前线运送武器弹药的途中,经过此桥。

加强师在民众的支持下，利用皮筏、绳索等简易工具强渡怒江，随即开始仰攻松山。考虑到松山地势险要，易守难攻，宋希濂令第71军28师主攻松山，该军另外两个师绕过松山进攻龙陵，切断两地联系。此后，远征军在老鲁山的重炮兵将成吨的钢铁倾泻在松山主峰周围。若以兵力论，中国军队约为日军的数倍，另有两个军增援，取胜当万无一失。但由于日军的顽强阻击以及松山天险、气候等原因，实际战斗的进展却是非常缓慢和艰难。

松山大垭口、阴登山、滚龙坡、子高地等处，山势更陡，而且日军工事非常坚固、隐蔽。数以万计的中国士兵冒着大雨和敌人的枪炮，手脚并用，跌跌撞撞地在山谷里攀登。当时，泥泞的山坡好像泼了油，中国士兵们既要留神脚下摔跤，又要提防头顶上"长了眼"的子弹，真是艰苦异常。

图3-21　1944年8月4日，中国远征军军官与美军顾问正在商议如何反攻。（森山康平：《フーコン・雲南の戦い》）

　　我们不妨回顾一下敌我双方的战斗记载。先看中国远征军的相关记载：

　　　　日军的碉堡都是横竖相连，互相掩护。日军利用恶劣天气频频发起反击。他们心理上没有负担，以逸待劳，准确射杀暴露于开阔地的中国人。进攻松山那阵是6月，天天下雨，身上没一处干的，山上死人很多，阵地前面到处都是尸体。白天伤员没法拖，只好眼睁睁看他断气。到了晚上，日军还经常来夜袭，搞得人人都很紧张，所以谁也不愿意去救伤员或者拖那些尸体。这样只要有飞机轰炸，或者大炮开火，到处都能见到腾起一团团血雾，死人胳膊大腿炸上了天。

　　　　怒江那地方，天气怪得很，早上下雨冷得发抖，太阳一出来，嘿，烤得跟伏天一样。死人不出两天，尸体就开始腐烂发臭，生出白花花的大蛆，爬得阵地掩体到处都是。幸好美国军医连夜到阵地上到处打预防针，服药片，才没有染上瘟病。这样一直攻了十天,第8军官兵伤亡已经超过两千人。血的代价终于使中国将军改变战术,一个地堡一个地堡地掏,将包围圈一点点收拢。

此时美军运来了刚试验成功的火焰喷射器,它对后期攻坚战起到重大作用。火焰喷射器在三四十公尺(米)以内,瞄准了必定有效。日本人的确非常顽固,往往地堡上层烧坍了,下层继续往外打枪,直到烧死或者把地堡彻底炸坍为止。总之没有人投降。后来一直打到松山主峰,里三层外三层包围起来,还是没有捉到一个日本俘虏。

第8军在美军飞机的配合下,采用波浪式推进战术缓慢推进,日军凭借松山和坚固的工事负隅顽抗,远征军将士前赴

图3-22　1944年6月4日,中国远征军司令长官卫立煌和中国远征军将士在怒江惠通桥上方的山顶,以中国方式享用野餐。

图3-23 1944年9月6日,日军经营了两年的松山阵地,被中国远征军彻底摧毁。(森山康平:《フーコン・雲南の戦い》)

后继,英勇杀敌,付出了沉重代价。经过几十次激烈战斗,远征军相继占领了松山前沿的大垭口、滚龙坡、沟头坡等地,最后向松山主峰推进。松山主峰叫子高地,山头只有一两亩地大小。敌堡坚固,火力配备严密,远征军多次进攻受挫。我军进攻到离子高地还有两百米的地方,就再也没法前进。因为最后这段山坡特别陡,至少有五六十度,打枪都得仰起头。我军在这个地方又蹲了半个多月,阵地前面丢了几百具中国兵的尸体。8月初,我军从150米外开挖两条直通山顶的隧道,用了20天时间挖掘一条通往松山主峰关山阵地的坑道,然后搬运来120箱3吨炸药,将日军核心堡垒全部摧毁。满山原始森林除了两棵古栗树存活外，其余都化为了灰烬。于是占领了松山最高地。至9月7日，才全歼松山守敌。

现在，我们再看日军的记载。

松山守备队由第56师团第113联队的300人、防疫给水部队40人、无线分队10人、卫生队100人、野战炮兵第56联队第3大队的380人、辎重兵第56联队第1中队的40人以及其他各部组成，共1300人。在6月2日，松山的交通已被中国军队控制，日军的武器、弹药、粮食等均无法正常得到，但日军空军通过空中优势冒死进行补给。《密录：大东亚战史·缅甸篇》有这样的记录：

> 从上往下看，拉孟的阵地好比在一个圆形的城壁中，城壁的周围是蚂蚁般的士兵，围得水泄不通。阵地的中心——像一个蛸壶（日本渔民沉入海中捕章鱼的陶壶——引者注），就从这个壶中，看到了向着飞机挥舞的太阳旗，我的眼泪无法抑制地涌了出来。

7月20日，在中国军队发起第三轮攻击、日军守备队只剩下300人的时候，松井联队长终于下了"在最坏的情况下，奉烧军旗"的指令——这就是最后的"玉碎命令"。

7月29日，中国飞机开始撒劝降传单。但是，日军仍然顽强抵抗。中国军队伤亡太大，于是，挖地道到松山主峰内，实施爆破。

8月20日，子高地中心开花（被中国军队用炸药炸坍——引者注），金光少佐不得不退至松山西北角死守。至此腊勐守军已经四

图 3-24 在松山战役中,中国远征军全歼日军一个联队,此为松山战役纪念碑。(中国"慰安妇"历史博物馆藏)

面楚歌,粮食、弹药、饮水所剩无几,抵抗只是延缓死亡的到来而已。据《缅甸作战》载:29 日,断粮第三天,金光少佐下令吃人肉——这项命令被解释为只对敌人有效。于是饥饿的日本士兵就将那些刚死去或即将死去的中国战士拖回来,在战壕里燃起火堆,剜出他们的内脏,砍下手臂、大腿,或者割下臀部的肉来血淋淋地烧烤……

9月5日，日军被压缩在最后一块不到200平方米的阵地上。金光少佐明白大势已去，于当晚10时，给松山师团长和河边总司令发出诀别电报：

> 松山师团长并转河边总司令官：
>
> 　　从5月10日以来，死守阵地已有118天，皆因卑职指挥不力，弹药罄尽，将士大部战死，所余73人，无一不带伤者，未能做到支撑全军攻势，深感内疚。为此我已下令焚毁军旗与密码本，准备全体殉国。
>
> 　　承蒙总司令官、师团长阁下长期特别关怀，全体不胜感激。今后尚乞对阵亡官兵家属多加关照。我等将在九泉之下，遥祝大日本皇军取得胜利。
>
> 　　　　　　　　腊勐守备队司令官　金光惠次郎少佐

日军联队护旗官木下昌已中尉在他的回忆录中写到了金光少佐"奉焚军旗"的情景：

> 　　我看见司令官的手在微微颤抖。军旗点燃了，火焰慢慢腾起来。司令官很平静，一直坚持让火焰在手上燃烧，我们都嗅到了皮肉烤焦的煳味……

9月6日，金光少佐战死于战壕。死前，他将指挥权托付给真锅上尉。真锅上尉在阵地上掩埋了少佐和军队的纹章，将余下的军旗绑在了自己的腹部。午夜，他将护旗官木下昌已唤到跟前，让他突出重围，代表腊勐守军向上级报告迄今为止发生的战斗经过，并让他务必将官兵的遗书、日记、信件转交其家属。木下中尉领受任务，换上便衣，带领两位士兵，潜入阵地外面的茫茫夜色。其余两人，一位途中就战死身亡，一位活到战后去世。

松山战役，中国军队先后投入两个军五个步兵师，火炮200门，发射炮弹数万发，另有美国飞机空中支援。日本军队在松山的兵力为1300人，火炮30门，坦克4辆。但中国官兵伤亡6000余人。日本守军除数人突围外几乎全部战死，最后只有几个伤兵被俘。

9月8日，担任松山主攻任务的荣誉第一师师长李密，曾对他的部下作了如下训示：

图3-25　中国远征军从关山阵地活捉的日军残兵，右下的那名日本兵匍匐在地，喝泥坑里的积水——早已没有了"皇军"的威严。(森山康平：《フーコン・雲南の戦い》)

我作为一个军人，和这样勇敢的敌人作战，是幸福的。守卫这个阵地的日军将士精魂全尽。……我们将把日军战死者慎重埋葬。

这是一场怎样的血战啊？！武装的军士全部以尽，而永心，这个怀着待产身孕的女人，却在枪林弹雨中奇迹般地活了下来。

70年之后，当我们再度考察松山战场时，仍可见到当年日军修筑的碉堡。这些碉堡仍旧那么坚固，矗立在阵地上，水泥层很厚很厚。周围的古栗树树干上，可以看到深深的弹洞，那两棵幸存下来的树，枝干扭曲，形状有些可怖。"打得只剩下那几棵树了"，当地人告诉我们。这一小块阵地，战壕仍在，至今寸草不生，透露着一股战争的气息。接连不断的遗迹，以凝固的形态强烈地冲击着我们的神经，用一种紧拉慢唱的节奏，让人在历史和现实的回旋中透不过气来。

"这是我们的云南的松山，一草一木，都属于我们的国土；松山上面，还留着为保卫我们国土的远征军将士的忠骨。让当年侵略者的后代，把这样的国土拿到至今还不肯向我们道歉的国家去，不论是对他们国家还是对我们国家的国民教育，都是绝对不能允许的。"这是龙陵县政府对外工作的负责人，精通云南战史、善于独立思考的赵其慧先生对我们说的一段话。①

---

① 日军松山腊勐守备队的1300人中，作为极少数活下来的人之一——护旗官木下昌巳，一直希望在松山建一座慰灵塔。慰灵塔当然是慰问他的战友——侵略云南的日军部队的，因此也理所当然地遭到龙陵县人民政府的拒绝。龙陵当地允许日本军人的遗属前往松山进行祭奠，但禁止他们带回松山上的泥土草木。

图3-26　白塔小学是木下昌已协助建立的学校，其对面就是白塔村慰安所旧址，房屋保存完好。（苏智良2001年拍摄）

其实，这些情结产生的所有因缘，均起于日本政府对侵略战争的不肯反省，不肯认错。害人者，必害己，受害最深的，还是他们本国的人民。军国主义，是人类的共同敌人。

最后，木下昌已改变了他的思路和方法，集资在龙陵县城附近建立了白塔村小学。建成之日，木下昌已和出资者、遗属们，向龙陵人民表示歉意和反省。

但是，谁知道呢？——白塔村小学的对面，原来就是当年的白塔村慰安所。

松山战斗最后时刻的"慰安妇"

在腊勐慰安所里，有15名朝鲜"慰安妇"和5名日本"慰安妇"，及数量至今还不十分清楚的中国"慰安妇"。在战斗激烈时，"慰安妇"们被强迫到战壕里去，在炮火纷飞的状态下满足日本兵的性欲。第113联队第2大队的老兵森本谢，战后著有《玉碎！啊， 拉孟守备队》。他回忆：

> 每次到拉孟中队去取粮草时，便会去慰安所。他们中队的士兵中，有一人迷上了一名"慰安妇"，甚至晚上也想着去慰安所，要知道这是违反军规的，因为晚上只有军官才能去慰安所。于是，这名士兵就偷了军官服装而去慰安所，临近慰安所50米处有士兵站岗，但因为天黑，哨兵也无法分辨是谁，一见到军官来了，便敬礼，于是他就混了进去。

战斗的最后时刻，对于战壕里出现的朝鲜"慰安妇"，日本老兵对此的回忆却是：

> 当时遇上了一件让人实在佩服的事，就是看到了冒着炮弹的袭击和大雨，用官兵们装干面包的空罐头装上饭团，两人一组悄悄送饭团来的朝鲜"慰安妇"。
>
> 如今，她们也成了守备队的一员，不顾自己的安危来协助官兵们奋战。没开战前，士兵们只知道把她们作为满足自己欲望的工具，根本就没考虑过她们的存在，如今她们的行动却让许多士兵低下了头，只会说一声"对不起"。①

---

① ［日］太田毅著，伍金贵译：《松山——全军覆灭战场的证言》，云南民族出版社2010年版，第132页。

事实是，朴永心等人是被日本兵逼迫着上战场送食物的。

西野瑠美子女士曾经访问过执行第二次松山补给任务的第5飞行师团第4飞行团飞行队长小林宪一，小林这样描述了当时所看到的"慰安妇"：

> 我执行上司的命令，起飞7次，为松山补充弹药。7月24日的空中运输，共起飞了15架飞机。在那温克机场起飞的有九九式军用侦察机3架、做掩护用的隼式战斗机12架，都装了绑好降落伞的弹药筒，飞向拉盂。我们飞进险峻的山岳地带，在拉盂的阵地上空盘旋，看到了半裸的士兵为了表示地点，将发烟筒点燃，橘黄色烟雾拖着长长的尾巴从空中划过。我们将吊着的弹筒向着T型布板投下，只有祈祷下面的人顺利收到。这时，有两三个士兵仰着脸向我们的飞机挥舞双手，再一看，是几个穿着士兵上装的、应该是"慰安妇"的女性，她们正举着白布，拼命地向我们舞动。在这样的战场上，却有女性……我只觉得胸口被堵住了。这个冲击长久地压在我的胸口。

处于中国远征军团团包围之中的日本守军已没有生还的希望。在最后时刻，已失明的伍长户山要求与"慰安妇"菅昭子结婚，金光惠次郎立即同意，于是，两人用陶器盛水代酒，举行了成亲仪式。当中国军队即将占领阵地时，户山拉响了手榴弹，与菅昭子一同死去。

1944年9月7日，日军第56师团拉盂守备队遭到中国军队的全歼。就在松山即将覆没之际，日军开始强迫"慰安妇"自杀。有的日本"慰安妇"换了干净的衣服，化了最后一次妆，然后眼含热泪地从日军士兵手中接过氰化钾毒剂，当毒剂入口之后，生命即随风冉冉而去。

当时看清形势的朴永心不顾身怀七八个月身孕的危险，与其他几名朝鲜"慰安妇"乘日军不备跳出战壕往外逃跑。在勐梅河（水无川）谷地，朴永心幸运地被当地少年李正早搭救。此后，朴永心与其他姐妹一起逃到玉米地躲避，直至被中国军队俘虏。

9月14日，中国军队收复了腾冲，11月16日，收复龙陵，20日收复芒市；11月底，收复滇西失地，歼敌2.1万人。1945年1月24日，中国军队收复畹町，27日与赢得缅北会战胜利的远征军驻印兵团在芒友会师。至此，云南地区的各国日军性奴隶们才获得了新生。

获救的"慰安妇"

松山于1944年9月7日下午完全被中国第8军主力所控制，俘虏日军9名，内有中尉1人，此外还俘虏"敌妇"——"慰安妇"5名。①

不过还有一张拍摄于密支那"慰安妇"的照片相当清晰。坐在右面第一排最前面的女性有一定年龄，是日本人的风貌，腹部

①《远征军司令长官卫立煌自保山报告攻占松山及俘获与我军伤亡情形电——民国三十三年九月七日》，《中华民国重要史料初编——对日抗战时期　第二编：作战经过》，中国国民党中央委员会党史委员会1981年版，第505页。

图 3-27　中美盟军士兵正在欣赏缴获的战利品。(云南保山地区博物馆编:《中国远征军滇西大战》)

还系着日本妇女特有的腰带。她就是名叫北村富子、38岁的日本女人，是管辖"慰安妇"的老鸨，北村荣夫的妻子。[①]从照片上看，女性正好是20人，而加上北村富子应该是21人，除了北村一人外几乎是全部。看她们身上穿的衣服，恐怕都是出逃时的装束，基本上是日常服装，没有穿那种膝盖以上的连衣裙。为什么有20人？根据审问记录看，原先在密支那的63名"慰安妇"，分别生活在三个慰安所。在叫"共荣"的丸山住宅里住着22名朝鲜女性，在"菊水（音译）"住着20名朝鲜女性，在"桃屋"住着21名中国女性。丸山"慰安妇"们的主管是北村，他于1942年7月在朝鲜，暗中受陆军司令部的指使，而表面上以"申请"的形式，得到募集"慰安妇"的许可，然后把她们带到缅甸来。[②]密支那的全体"慰安妇"总计63人，在转移途中死去4名，中弹死亡2名，合计6名中，其中2名是"丸山住宅"的，于是原来的22名"慰安妇"变成了20名。8月7日的战斗失败后，"桃屋"的21名中国"慰安妇"也少了1名，变成了20名，她们自己自发地向中国军队投降了。剩下的17人是"菊水"的"慰安妇"们，她们跟在向八莫败走的密支那守备队后面。这一队在记录里记载为"大约20名"。8月19日后，成为俘虏的日本兵曾经目击到她们的身影。"共荣"的"慰安妇"们于8月10日也成了俘虏，"菊水"的"慰安妇"们跟在密支那守备队后面，应该是少有生还者。[③]其中至少有两人和守备队共同行动到八莫近郊。第6中队的士兵森崎善喜的证

---

① ［日］吉見義明编：《從軍慰安婦資料集》，岩波書店1995年版，第452页。
② ［日］吉見義明编：《從軍慰安婦資料集》，岩波書店1995年版，第459页。
③ ［日］吉見義明编：《從軍慰安婦資料集》，岩波書店1995年版，第464页。

图 3-28　盟军在缅甸密支那也俘获了不少"慰安妇"。(摄于1944年8月14日,森山康平:《フーコン・雲南の戦い》)

言说[1]：

　　天黑沉沉的，下着大雨，传来了朝鲜人"慰安妇"的喊声，"兵队各位加把劲啊，八莫就要到啦"。她们裸露着身体，以竹竿当拐杖，可怜巴巴的。出逃以来，以竹笋为生。当时几十名"慰安妇"至今只剩下两名：一个中年的，一个年轻的。……在激战当中，丸山联队长把"慰安妇"召到自己的战壕里，而把军队当作牛马训斥，这样的高级将领真不像样子。有一天我去打水的途中，看到在克钦族空屋的旁边，一

----

　　[1] [日]菊山砲第18連隊史編集委员会:《砲聲》,苇书房1983年版,第237-238页。

个脸带胡子微胖的男子正在用青竹打另外一个男子。此人就
是丸山联队长，被打的是驻在密支那的一个宪兵。原因是他
抛弃了联队长当作爱妾的"慰安妇"，因而激怒了联队长。我
知道真相后感到哑然和愤怒。

丸山联队长的这一行为在日本军队中产生了很坏的影响，好几个
日本兵在回忆录里都提到了这件事。

　　卫生兵品野实这样描述松山主峰被攻下后在最后的阵地中
"慰安妇"们的状况：

　　　　这是在全灭的一天或两天前。吉武伍长被大声哭泣的
　　"慰安妇"们包围了。她们完全像护士一样地被使用，失去了
　　手脚的士兵们呻吟着，每日都在死去。"慰安妇"们的神经如
　　果能够经受得住，简直是不可思议的。

　　　　"到哪里去都可以，带我们从这里逃走吧！"她们缠着不
　　放，完全没有了平时的模样。这时候还有20名"慰安妇"，都
　　还好好的。服装也并不是军服、裤子，而是齐膝的裙子。"带
　　着这样的女人难道逃得走？"吉武伍长不忍心骗她们。"带你
　　们走的话，到处是山，即使可以逃出山去，四处也尽是敌人。
　　一直生活在一起，还是和军队一起死，好不好？"吉武伍长只
　　有半开玩笑半认真地和她们说。

　　　　9月7日，横股阵地被攻陷。雨噼噼啪啪地下了起来，重
　　伤员和"慰安妇"们都躲进了一个"コ"字型的工事壕里。
　　升汞片也给了重伤员和"慰安妇"。重伤员几乎都没有吃药，
　　很多人是用手榴弹自杀的。……就在这时，只见两三个"慰

图3-29 远征军官兵正在询问被解放了的三名朝鲜"慰安妇"。(原件藏美国国家档案馆,摄于1944年8月3日)森山康平:《フーコン・雲南の戦い》)

安妇"奔了出去,好像是从水无川的方向逃走的。

但根据照片的记载,朴永心是于9月3日在松山战壕里被俘的,但她也确实是穿着裙子在被称为水无川的河边的玉米地边上被发现的,所以,应该是品野实将时间记错了,另外这四个"慰安妇",并不是在最后关头逃脱的。

李正早曾回忆:

一天,我和两个中国兵在腊勐山脚怒江边走着,突然看到有三个女人跪在我们面前,向我们求饶。又一看,江(实际上是勐梅河)里面还有两个女人,一人死了,顺着江水漂去,另外一人还没有死,还在挣扎,但是,无法相救,最终被江水淹死。跪着的三人,我都认识,她们是松山大垭口的

"慰安妇"，其中一人就是朴永心。朴永心已怀孕，肚子很大，穿着筒裙，血流到脚掌，已到临产期。她们用哀求的目光看着我们。我们商量后，对她们说："你们是我们的俘虏，我们中国军队优待俘虏，你们跟着我们走，别害怕。"朴永心行走已十分困难，我挽着她慢慢地走，一路走，一路闻到她身上散发的臭味。那两个中国兵不敢接近她。天黑后，才把她送到腊勐街远征军野战医院，交给医生抢救，另外两人也交给医生救护。[①]

关于李正早的这一说法，得到了朴永心口述回忆的印证：

我不记得在那附近呆了几天，有一天，日本兵烧毁了军旗，听到"这是最后期限了"这样的话。

日本军队输了。在快要放弃的时候，就是真的结束了。确实，我觉得好像是一位日本女性，说"我们逃走吧"。我听到了，把剩下的力量全部使了出来，从战壕中逃出来。同四五个女人一起，我们也不知道要逃到哪里，战壕里有一个流向山下的河（水无川），只好渡河逃走，为了不被日本兵发现而悄悄下山，好不容易爬到了河边。

在下河的途中，有很多玉米地，好几天没吃没喝，我咬了玉米，是鲜甜的玉米。然而，在那个时候，突然面前出现了中国兵。

---

① 张荣校:《"我们都是受害者"——采访当年日军马夫李正早》,龙陵县政协文史资料编委会:《龙陵抗战见证录》,第162页。

我害怕得浑身直打哆嗦，一个中国人用身体语言和手势对我说"放心吧，不用担心"。但是，我无法相信他所说的。

和我一起逃走的其他女性们都去了河边，见到了中国人。中国人把她们一起带到了田埂上。我们和中国兵们一起重新开始攀登下山的道路。那时候我已经怀孕了，肚子疼得不得了。

我们被带到中国人的家里，吃到了像这样的玉米。好不容易，知道中国人不是坏人，在那之后的事情不太记得了。赤脚走了很长时间，才走到了中国军队的驻扎地，然后在附近的医院接受了治疗。在驻屯地接受询问的时候，第一次见到了美国兵，他们都有宽阔的胸膛和高挺的鼻梁，我以为到此为止了。这么说来，在那之前，我们是恐惧美国兵的，听闻他们一见到日本人就会杀掉。但是，美国兵对我们没有任何粗暴的行为。①

朴永心获救的真实日期应该是1944年9月3日，韩国学者金荣也持这一观点。但金荣的《"慰安妇"朴永心》一文仅仅根据《怀孕的"慰安妇"》照片背后标注的日期为1944年9月3日，就认定了朴永心获救的时间为该日，并未提供一个必要的考证过程，换句话说，金荣没有排除这样的一种可能性：朴永心会不会在被解救几天后才拍摄的这张照片？

当时，在那张拍摄到朴永心的、战后被学者命名为"怀孕的

---

① ［日］西野瑠美子：《戦場の慰安婦——拉孟全滅戦を生き延びた朴永心の軌跡》，明石書店2003年版，第136頁。

'慰安妇'"的照片原件的注释中①，照片的拍摄者、美军摄影兵兰多尔（Hatfield）为照片标注的拍摄时间为：1944年9月3日。根据朴永心的回忆，她在被李正早发现后，当天就"在（军队驻屯地）附近的医院接受了治疗"，因此这张朴永心依旧挺着孕肚的照片只可能是在朴永心被中国人发现不久、还没有被送至医院前的时间段内拍摄的。并且，在1944年9月3日、7日，摄影兵兰多尔（Hatfield）拍摄了若干照片（详见下文），因此，兰多尔对日期的注释应该不会出错。由此，我们才可以真正确定，1944年9月3日就是朴永心获救的日期，不会更早。

《怀孕的"慰安妇"》这张照片的注释写道：

> 在滇缅公路沿线松山的村庄，在日军溃败之际，四位日本姑娘被中国第8军俘获。中国士兵正在看守这些姑娘。

根据注释和画面内容，这张黑白照片的拍摄时间为1944年9月3日的白天，场景为松山的山体，一共出现了五人，其中画面左侧一位面带笑容且手握美式步枪的男子为中国远征军第8军的士兵，其名字暂不可考，其余四位被美军二等兵兰多尔标注为"日本姑娘"的女性，目前只有画面中最右侧怀孕的女子也即朴永心的身份是可知的。至于其他三位女性，由于战后学者没能发现她们本人，其名字、身份至今难以考证，我们只能从面容和着装判断她们大概率也都是松山战场上日本籍或朝鲜籍的"慰安妇"受害者。事

---

① "Photograph of Japanese Prisoners Taken by Troops of the Chinese 8th Army", 1944.9.3, RG111, National Archives, College Park, MD. Original Field Number: CBI-44-29969. Photographer: Private Hatfield.

实上，在美军1944年9月拍摄的诸多照片和录像中，这几位妇女出现了多次。为了方便论述，我们在此将《怀孕的"慰安妇"》中的人物从左到右分别标注为"男子A""女子A""女子B""女子C"和朴永心。

永心当时怀了七八个月的身孕。枪炮声的惊吓，战场上的血腥味，食物的奇缺，已使她筋疲力尽。当她被远征军俘获时，实际上胎儿已死在腹中。所以，当拍摄《怀孕的"慰安妇"》时，她已开始流血。于是，远征军士兵当即将朴永心送到军队医院做了手术，取出了死胎。

历史镜头中的朴永心

2020年，韩国首尔大学郑镇星教授的研究团队通过媒体公布了一段55秒的黑白录像片段。苏智良的研究生曾俊在查阅韩国媒体相关报道后得知，该片段实际上从属于一份总时长为12分钟21秒的美军影像档案，原件收藏在美国国家档案馆，档案标题为"PUSH SOUTH"[①]，拍摄时间为1944年8月30日至9月15日，录像的内容包括多个滇缅战场实况片段，明显是在拍摄之后用多个胶卷拼接制作而成，应属于供美军参谋部门观看的军事情报。2020年4月3日，云南电视台也将《龙陵松山"慰安妇"完整影像首次公开》发布于"七彩云端"。

其中，这一录像在9分54秒至10分48秒的片段中记录了朴永

---

① "PUSH SOUTH"，1944.8.30-1944.9.15，RG111，National Archives，College Park，MD. 该段录像暂未被上传至首尔记录院的网站数据库，但可以通过美国国家档案馆网站数据库观看。

图3-30　远征军官兵与朴永心等"慰安妇"受害者共同欢庆这些女性获得了自由。(曾俊从录像中截取)

图3-31　尽管朴永心十分疲惫,但终于脱离了苦海。(曾俊截自录像)

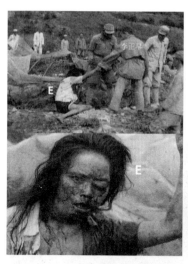

图3-32　一位身材矮小的年轻少年(李正早)正在帮助一位受伤的妇女(女子E)站立起来。(录像来源:美国国家档案馆)

图3-33　坐着接受美国士兵包扎的是"女子H",身后为远征军战士拿着缴获的日军战旗。(图片藏于美国国家档案馆)

心的形象,但该录像并无声音或字幕,拍摄时间为白天,从朴永心的孕肚、衣着、出现的中国士兵,以及"女子A""女子B""女子C"面容上的污渍、衣着判断,拍摄地点应为松山,具体日期与兰多尔拍摄《怀孕的"慰安妇"》照片的日期应该一致,都是1944年9月3日,也即朴永心及其他"慰安妇"获救的当天。

在这段录像中,出现朴永心的镜头有两处。第一个镜头(参见图3-30)为朴永心挺着孕肚,在荒野中面带笑容地跟着中国士兵行走、欢呼,看口型似乎喊的是韩语,基本呈现出了获救后既疲惫又兴奋且放松的状态,而挽着她在松山的荒野中步行、欢呼的，正是兰多尔所拍摄照片的那位中国士兵"男子A"。第二个镜头则为朴永心的面孔特写，画面显示的是重获自由的朴永心正在面对镜头缓缓地呼吸，她情绪平静，蓬头垢面，透露出了几丝疲惫。

在画面中，与朴永心一同行走的，还有在兰多尔照片中出现过的"女子A""女子B""女子C"以及在兰多尔照片中没有出现的"女子E"（参见图3-32）、"女子F"（参见图3-34）和一些远征军士兵，但画面记录的朴永心同行者中并没有出现李正旱。在该录像的另一处镜头中（参见图3-32），一位年轻少年的背影出现在了画面里，这位少年正在帮助一位受了重伤的女子（女子E）站立起来。

当时在松山战役的最后时刻，"慰安妇"亦有在最后时刻被杀害或自杀的。一份美军档案提及，当时中国士兵在松山发现了六具衣着良好的女尸。[①]并且，幸存的"慰安妇"并非都是同一天被解救的。1944年9月7日，在远征军攻克松山的当天，又有妇女被远征军解救，兰多尔在1944年9月7日拍摄的一张照片[②]（参见图3-33）的注释中写道："Tinsley……将这名被俘虏的女子（译者注：笔者将其标注为'女子H'）从松山的山洞中带了出来。其时山洞中所有试图守住洞穴的日本士兵都已经被消灭。两名中国士兵在展示他们没收的日本国旗。"而从18秒远征军询问六名"慰安妇"的录像中（图3-34），我们没有看到朴永心的身影。

---

① Korean and Japanese prisoners of war in Kunming，1945.5.6，首尔记录院，数字化全文可参阅：https://archives.seoul.go.kr/item/10，2021年12月20日。

② 1944.9.7，RG111，National Archives，College Park，MD.

因此，根据以上材料，1944年9月3日朴永心获救时的真实过程应该是：在1944年9月3日白天，李正早和两位中国士兵发现了朴永心，他们带着几位幸存者在天色未黑之前与部队会合，随后朴永心一行人与远征军士兵们共同返回了松山腊勐街的远征军第8军司令部，美军通信兵部队的照相兵在这期间为朴永心等几位"慰安妇"受害幸存者拍摄了照片和录像。当天，将朴永心送到第8军野战医院进行手术的人，是一群中国士兵，其中可能也有李正早。此后，在松山的驻地，远征军的军官多次审问了她们，美军的随军摄影兵则为审问现场拍摄了照片和录像，但朴永心大概率是因为刚接受完流产手术，尚在养伤，因而没有参加这些审讯活动。而在新发现的经过惠通桥的一段录像中，也有多位"慰安妇"身影。（图3-35）

此后，朴永心和其他被俘的朝鲜籍"慰安妇"共25人和5名日本籍"慰安妇"，先被送往保山集中，保山是远征军的后方基地，条件更好些。在保山休养了大约一个月后，她们经大理、楚雄转往昆明，在昆明住了不久，然后转送重庆。到达重庆后，朴永心等朝鲜籍"慰安妇"则交由韩国光复军全部带走，日本籍"慰安妇"和日军俘虏则被收容在离城六公里的郊外。

1946年4月下旬，中国政府决定遣返收容在重庆的300多名战俘。在滇西战场俘虏的日军约有150人左右，其中，有在腾冲之役中俘虏的日军官兵55人，在松山俘虏的15人，另有5名日本"慰安妇"。这时，韩国光复军又将在滇西俘获的全部朝鲜"慰安妇"送回到重庆的俘虏收容所。于是，这些朝鲜籍"慰安妇"和日本籍"慰安妇"与日军俘虏一起被遣返日本。他们分乘30辆汽车出发，经过九天的行驶到了湖南常德，然后于5月上旬行抵汉口，又乘

图3-34　18秒录像的3个截图,清晰地展示远征军询问7名"慰安妇"的场景。(时间顺序:由上至下,录像藏于美国国家档案馆)

图 3-35　这段录像中出现了前面 A、C、I 三位 "慰安妇" 的身影。（曾俊从远征军过惠通桥的录像中截取）

船经长江航行（两天）到达南京，在南京呆了一个星期后转往上海。在上海，朴永心和她的姐妹们踏上了驶往日本的轮船，最后于1946年6月19日在日本鹿儿岛上岸。以后，朴永心历经波折，经仁川而返回了故乡。

走进松山：老人的心开始发抖

2003年11月22日，三国调查团顺利到达云南。在去松山之前，朴永心老人的心情一直不错。24日，从龙陵前往松山，不过是几十分钟的车程，朴永心老人的心情却有了180度的转弯。过了一个叫"龙门卡"的收费站，汽车驶入了连绵起伏的大山。司机介绍说："这就是松山了。"此时已经可以俯瞰到郁郁葱葱的松山和老人当初受难的松山大垭口。

在松山，调查团其他成员所担心的事情果然发生了：11月25日，调查团一行来到曾经是日军松山外围阵地的滚龙坡——当时日军叫该地为本道阵地，因为这里可以看到整个松山的全貌。朱弘和缓地对朴永心老人说："朴妈妈，这里就是松山。"

一直很平静的老太太情绪一下子就激动起来："唉，松山。"她情不自禁地用日语说："MATSU YAMA（日语'松山'的发音），我到死也不会忘记这个地方……小日本在这里做了许多坏事，他们对你们中国人更坏……看到这个地方就想起过去的事情，很揪心哪！很想死啊！呜呜……"

大家赶忙把坐着轮椅的老人抬上车，老太太在车上哭得非常伤心。

经过数年多方的事先考证，老人原先所在的腊勐（拉孟）慰安所所在地，已经变成了一块农田。1995年，苏智良首次上松山时看到的是一块玉米地。据我们在2001年的调查，当年日军被消灭后，日军的营房和慰安所的房屋均被捣毁了。这次联合调查团所目睹的则是一块刚刚收割后的红薯地。

图 3-36　在松山回忆往事,朴永心老人悲痛欲绝。(中国"慰安妇"历史博物馆藏)

西野女士告诉老人,石碑上写着的文字说这个地方原来是日本军的慰安所,伤心悲痛的老太太转瞬间又引起了对日本兵的愤怒。她挥舞着拳头说:"我真想把这个地方砸碎,我想亲手杀死日本鬼子!"

朴永心老人随即把这种仇恨转移到了日本人身上。她口气强硬地告诫西野:"别再提这个事情了,再提我就要晕倒了!你知道我的脾气,我很厉害的……"

虽然这里的慰安所早已经不复存在,但是朴永心老人还记得慰安所"两边都是山",所以叫作"大垭口"。

所谓"垭口"就是两座大山的山谷中间,有水,而且是一个交通要塞。大垭口是一个小小的集镇,以前日军的一个营地就设

图3-37　大垭口的田地里树着一块石碑,上书:侵华日军慰安所遗址,这里就是朴永心老人当年的受害地。(中国"慰安妇"历史博物馆藏)

在这里。朴永心老人下车后,人们指着远远的松山阵地问她:"这里就是松山,你还记得么?"老人坐在轮椅上,仔细环顾群山,然后点点头,说了句:"我记得。"

"在深山里,每天都在奔跑,拼命地想找到出口逃出松山,却怎么也找不到。到最后,每天傍晚透着松树林看夕阳下山,满心的无助与绝望。"这是朴永心老人对于松山的一段最刻骨铭心的回忆。

与救命恩人的重逢

中、朝、日三国联合调查最大的收获之一,是找到了曾经救护过朴永心的当地老汉李正早。

李正早，1928年生，当时还是一个15至16岁的孩子。日军要征用马夫，保甲长便指派他为松山的日军充当马夫。他不仅在松山战斗前在大垭口见过朴永心，甚至还是他带着中国兵下山抓鱼时，意外地发现了朴永心和另外三个"慰安妇"。当他看到《怀孕的"慰安妇"》照片时，一眼就认出了包括朴永心在内的三名"慰安妇"，而且李正早指出，《怀孕的"慰安妇"》上的怀孕者与那张《裸体"慰安妇"》照片中的女子就是同一人。

关于慰安所的情形，李正早记忆犹新。他见过避孕套，还见到慰安所的院子里，曾有过几个小孩，是否是"慰安妇"所生，他就不太清楚了，但他又认为，除了"慰安妇"生育以外，不会有人生孩子。当总攻时刻到来之时，腊勐慰安所附近的厨房被掀掉了，一个缅甸籍苦力被炸死。李正早赶快离开日军部队，逃往自家的村庄。

李正早回忆，自己曾经救过这个大肚子的"朝鲜婆"。而在朱弘到朝鲜访问朴永心时，朴永心大娘也曾明确地表示，当时有一个中国小伙子救了她，并请她吃过饭。

两位老人在不同的时间、不同的地点对往事进行了同样的细节回忆，再一次成为有利的佐证。前一天，见到调查团成员时，李正早赶紧迎上去，第一句话就希望揭开60年前的谜团："那个孩子还活着么？"当调查团告诉他"死了"的消息后，李大爷不禁叹道："可怜的孩子。"

朴永心和李正早两人的相见，是整个调查过程中最感人的场面。李正早早早地就穿得整整齐齐，站在进山的入口等着朴永心老人的到来。汽车还没有停稳，李正早就迎了上去。

图 3-38　朴永心老人与李正早老人见面。(朱弘提供)

"你还好么?"两位老人彼此问候着。李正早常年干农活的一双粗糙的手和朴永心老人紧紧相握。

"你还记得我吗?"李正早激动地说:"当年我还把你们领到我们家吃过饭,我还记得你当年是大肚子呢,我还把你送到卫生所,你还记得么?"

朴永心伸出手和他紧紧拥抱:"记得,记得。当时,你给我们饭吃,我们才活到今天。"

"就是了,就是了。看来你还记得我呀!"

拥抱时,朴永心抚摸着李正早的头发说:"你的头发都白了,我的头发也白了。"

"白了,我也白了。前两天听说你要来,你能来到这地方我就高兴了。"

朴永心感叹地说："我和你能够活到今天，能够再见面，我很高兴。"

李正早回答道："高兴，高兴。我们活到今天不容易啊！"

"让我们一起打日本人。"

"我们也受害，你们也受害。"

"如果没有中国军队，我们就要死掉了，日本兵就会把我们杀掉的。我们中国伟大啊！"

老太太又开始落泪，可是她还不忘说一句："我们朝鲜也伟大！"

在滇西调查时，所到之处的当地人士，包括政府人员和知名人士都激动地谈到了他们的感受。他们说，这位朝鲜老太太真是太了不得了，是我们中国"慰安妇"战争受害者的一个榜样。县、乡的政府领导都表示要欢迎和款待老太太，但是由于调查是三国以"民间"的方式进行，不便接受各地政府的接待，否则日本右翼可能会对调查提出异议。于是，调查团婉言谢绝了宴请的请求。

走在那上百平方米大小的红薯地上，踩着咯吱作响的木屑，老人强自镇定，仔细地环顾着四周，却已经遍寻不到当年给她留下痛苦回忆的那家慰安所，她简单地说了一句："这里当年住了十多个慰安妇……"李正早回忆，这里以前面对着路的地方有四幢小房子，每个房子隔成三个小隔间，房子是用木头和铁皮建成的，房间很小，四幢小房子加起来住了十多个"慰安妇"。

如今，朴永心老人已经无法对着慰安所旧址回忆当时的情形，人们只能通过李正早的描述来想象慰安所的样子。在这里，每到

图 3-39　朴永心掀起衣服,露出当年在云南中国远征军为她做剖腹产手术时留下的疤痕。(陈祖梁编著:《血雾迷茫——滇缅抗日及日军罪恶揭秘》)

休息日就会有很多日军士兵在慰安所门口排队,等着享受"服务"。李正早记得曾经有日本老兵拿着"慰安券"对他得意地炫耀。这些漂亮姑娘每天和一些喂马的杂工在一起吃饭,互相用简单的日语进行交谈,就是在那个时候,李正早认识了朴永心。

朴永心老人吃尽了苦头,腹部因为剖腹产留下了长长的疤痕。(图 3-39)她回忆战争岁月以后,叹了一口气道:"其实日本兵也很可怜啊!"这句话引起了日本学者西野瑠美子的感叹:"我参加过日本原在云南野炮兵战友会的追悼会等活动，他们只哀悼战友，却从来没有听他们说'慰安妇'可怜。"

2003年11月16日到31日，朴永心老人毅然决然地开始痛苦的、亲自指认慰安所受害地的"中国之旅"。她说："我就是死了，也要证明我就是那个遭受日本鬼子蹂躏的'慰安妇'，也要指认我被关押过的慰安所，我要让那帮家伙承认我没有说谎，我更要让

图3-40　在烛光下，人们唱起了生日歌，祝福朴永心老人健康长寿。老人露出了整个调查过程中最愉快的笑容。(中国"慰安妇"历史博物馆藏)

他们给我老老实实地赔罪！"①她途经的主要地点有：北京、南京、昆明、滇西地区（芒市、龙陵、松山、腾冲）。整个行程，往返16天，奔波上万里。这位形销骨立、有脑溢血的病史、平时已坐轮椅、足不出户的耄耋老人，完成了看似不能完成的使命。

2003年11月28日，基本的调查结束。在此次行程的终点，朴永心老人即将从腾冲经芒市、北京返回朝鲜。调查团一行二十多人，知道老人的生日是12月15日，他们提前为老人开了一个生日晚会，作为告别。大厅灯亮起的时候，老人忽然看到一个巨大的奶油蛋糕，大家围着她唱"生日快乐"，此时的老人第一次露出了衷心的笑容（图3-40）。她破天荒地谈出了自己年轻时的愿望，说："我曾经很想做一名护士。"17岁前，她在裁缝店工作，回国后，她又重操旧业。她告诉记者："以前我是厂里分厂的一个副负责人，村民都很敬重我，平时也经常来看我。"老人用脚比划着踩缝纫机。为了说明自己至今还有很大的手劲，老人故意用劲捏了捏一位中国女孩的手，还乐呵呵地说："我一定健康地活着，如果我活到了100岁，我还要到中国来过生日！"

① 黄明：《她，是日右翼惟一不敢否认的"慰安妇"——朴永心老人和南京利济巷慰安所》，《新华每日电讯》，2005年7月9日第8版。

第四章
保存历史的记忆

由于日本在战败时大量销毁档案文献，因此要复原日军"慰安妇"制度的历史，田野调查是非常重要的途径。朴永心个案的调查是一个重要的案例。从2000年《怀孕的"慰安妇"》照片的传播，到2003年已年过八旬的朴永心重返南京、云南，确认这段受害经历，使得朴永心的知名度急速提升，于是，学者、媒体、政府部门等纷纷加入，建立朴永心受害地利济巷慰安所的陈列馆，在深挖这段苦难史的同时，也在塑造和保存历史记忆。

研究朴永心

2003年12月15日，日本学者西野瑠美子在东京出版了《战场的"慰安妇"：松山战役幸存者朴永心的人生轨迹》。①该书是西野女士多次亲赴松山调查，尤其是参与2003年朴永心老人共同求证之旅的成果，在日本引起了较大反响。2005年，陈丽菲、苏智良在海内外出版了《追索——朝鲜"慰安妇"朴永心和她的姐妹

---

① ［日］西野瑠美子:《戦場の慰安婦——拉孟全滅戦を生き延びた朴永心の軌跡》,明石書店2003年版。该书共有第一章强制带走,第二章玉碎战场的"慰安妇",第三章腾越的"慰安妇",第四章相隔七年的祖国,第五章朴永心,十年的斗争。

们》①。2005 年的岁末，云南电视台和（云南）保山电视台合作拍摄的《历史的伤痕》电视纪录片分别荣获了全国"十大纪录片一等奖"和在中国广州举行的国际纪录片评价会议的"最佳纪录片制作奖"两大殊荣。

不幸的是，期待将来再访中国的朴永心老人没能实现她的愿望，2006 年 8 月 7 日，朴永心老人在朝鲜平壤逝世。

尽管老人不幸离世，但人们追究日军性奴隶制度真相的步伐并没有停顿。2015 年，韩国首尔大学郑镇星教授的研究团队（Chung Chin-sung Research Team， Seoul National University）②在美国国家档案馆（NARA）和英国国家档案馆（TNA）等机构挖掘出了一批涉及亚洲各国"慰安妇"问题的英美档案史料。2017 年，该团队通过三个渠道将这批档案进行了公布。第一，通过韩国媒体，如 KBS、韩联社公开了部分录像档案、照片档案；第二，举办

---

① 陈丽菲、苏智良：《追索——朝鲜"慰安妇"朴永心和她的姐妹们》，广东人民出版社 2005 年版；香港时代国际出版有限公司 2005 年版。

② 关于该研究团队的简介及活动，可参阅：SNU Sociology，"Research project on 'Comfort Women'"，2019.11.19，https://snusoc.tistory.com/36，2022 年 1 月 2 日。其中提及：Seoul National University's Chung Chin Sung Research Team was officially organized in 2014 and the team specializes in archiving WWII Allied powers' historical records related to the women drafted into the Japanese military's system of sexual slavery, commonly known as "comfort women."（上海师范大学研究生曾俊提供）

文献展览①，出版了影印档案汇编资料；第三，将这批档案的影印、拷贝件捐赠给了首尔记录院（Seoul Metropolitan Archives），并将之进行了数字化处理。目前，全球的研究者都可以通过首尔记录院网站的数据库，免费查阅、下载和利用这批被命名为"日军'慰安妇'相关文件"的档案。②2000年8月，云南电视台公布了1分57秒来自美国国家档案馆的战时录像，其中就有朴永心被解救的场景，在时隔56年后，看到AI着色的松山战场的影像，以及朴永心的身影，令人欣慰。

利济巷2号的去与留

在中、朝、日三国联合调查结束后不久，推土机在隆隆的轰鸣声中，开进了利济巷。原来，利济巷地块已纳入2003年南京市土地储备计划，这些房屋被认定为危旧房。利济巷作为旧城改造区，土地面积约6700平方米，需搬迁居民209户，工企单位四家。按照新拆迁程序，在手续齐全及相关建筑并未被确认为文物或其他依法应保留的建筑单位前提下，南京市房产局于2004年3月25日颁发了拆迁许可证。该项目的拆迁人为南京市土地储备中心，

---

① 展览介绍参见：Seoul to release three original photos of Korean forced "comfort women" by Japanese military for the first time in Korea，2019.2.18，https://english. seoul. go. kr/seoul-to-release-three-original-photos-of-korean-forced-comfort-women-by-japanese-military/，2022年1月2日。
展览出版物参见：Seoul National University Chung Chinsung Research Team，Records memories：stories of "comfort women"，untold words，Seoul Metropolitan Government Women & Family Policy Affairs，2020.
② 韩文名为："일본군 '위안부' 관련 수집문서"。

项目拆迁实施单位为白下区房屋拆迁安置办。整个拆迁项目需拆除7587.7平方米，其中可能涉及原日军慰安所的房屋共九幢，建筑面积约为4800平方米，其中263.7平方米属于落实政策的房屋，其余部分为白下区房产经营公司的直管公房。

利济巷要拆除的消息从南京传出后，立即引起了媒体、国民的关注。公众要求保留这一历史建筑的呼声越来越高。

于是，南京市文物部门于6月专门召开听证会，征求各方面意见。会上共有三种声音。一种认为利济巷慰安所有历史价值，应该申报文物保护单位，实施严格的原地保护；另一种意见认为此建筑物系侵华日军当时征用的民宅，用了两年又撤回了，本身是民房，只是历史事件的发生地，历史价值不大，没必要保护；第三种意见认为应该异地保护，因为年久失修，白蚁太多，已成危房，没有原址保护的价值。

对此，苏智良向《现代快报》等记者表示，"如今，朴永心老人本人已经来到南京，对利济巷2号进行了指认。这种跨国联合调查和指认非常少见，弥足珍贵。在学界术长期对慰安所的一系列调查中，南京利济巷2号也是'唯一'被来自外国的受害者亲自指认的场所。现在大陆唯一有可能被列为'文物'的慰安所原址位于云南龙陵，但那个董家沟慰安所无论是规模还是地理位置，都无法和利济巷2号相比。因此希望南京市政府能切实进行保护。"我们还提出，不是所有的日军慰安所遗址均需要保护，偌大的中国只要保存二三个遗址即可，而利济巷是最值得保护的遗址之一。苏智良指出，"要在利济巷2号建立慰安所纪念馆，它存在的意义是全国性的。第一，可以说明在日军侵略时期，几十万中国妇女曾经受到怎样的痛苦折磨；第二，建成这样的纪念馆可以和侵华日军南京大屠杀遇难同胞纪念馆相辅相成，将日本法西斯牢牢钉在耻辱柱上。"《外滩》记者曾写道：从1996年起，苏智良——这位研究"慰安妇"问题的专家就一直在呼吁，建一座"慰安所纪念馆"，但这个愿望至今还无法实现。①

作为三国联合的调查，日本方面的负责人西野瑠美子女士责无旁贷地起草了《关于保存南京市慰安所的请愿书》。请愿书指出，朴永心——年过八旬的老人决定参加这样的调查，正是为了见证自己证言的真实性，正是为了强烈企求日军"慰安妇"的历史不被风化。中国的慰安所旧址正一个个遭受着破坏，南京市也急速开展着建筑的更新时代。可是，我们切望：这些活生生的历史建筑物，无论如何也应该永久保存下来！我们对此予以坚决支持。

南京市委、市政府对利济巷的去留非常重视，当时的市委书记、市长和分管市长都作出批示和指示，要求相关部门慎重研究，严格论证。鉴于房屋严重老化，存在安全隐患，居住不便，政府决定实施迁而不拆的办法，将居住在里面的群众在雨季前迁出，相关旧房不拆。到2004年7月，已搬迁利济巷居民154户，工企单位两家，其中可能涉及慰安所范围的九幢小楼住房116户，已搬迁83户，尚剩33户未搬迁。

当朱弘再次去平壤访问时，我们请他征求朴永心老人对利济巷去留的意见。朴永心老人非常明确地请朱弘带来三句话。"第一，当我再次踏入利济巷这个受难之地时，我恨不能立即砸烂这个伤心地。第二，为了教育青年一代，为了给历史留下证据，应

---

① 高剑、肖由:《朝鲜"慰安妇"南京寻证》,《外滩》2003年11月24日。

该将它保护起来。第三，利济巷被拆掉的话，只有日本右翼才高兴。"

多么开明的老人啊。

利济巷建馆

2008年2月春节期间，利济巷慰安所旧址突然失火，屋顶塌陷，引起人们再度关注。苏智良专程来宁，指出不能再听任房屋毁坏下去，必须有所作为。2012年12月，南京有关方面开始考虑建立博物馆的可行性，但并没有实质性保护举措，旧址日益成为垃圾场。

时间到了2014年2月27日，十二届全国人大常委会第七次会议通过决定，将12月13日设立为南京大屠杀死难者国家公祭日。这是中国政府首次就日本侵略者对中国的重大民族灾难确定国家公祭日。

于是南京市政府决定建立利济巷慰安所旧址陈列馆。2014年6月，利济巷慰安所旧址群正式成为南京市文保单位。11月，相关部门启动对利济巷慰安所旧址的修缮保护、陈列布展工作。2015年5月，慰安所旧址开始加固施工，当年11月，修缮保护工程结束。与此同时，朱成山馆长邀请苏智良教授帮忙设计展陈大纲，并提供相关照片史料。

2015年12月1日，南京利济巷慰安所旧址陈列馆正式开馆。（图4-1）该馆对八幢旧址建筑中的六幢建筑进行了陈列布展，以作为南京利济巷慰安所旧址陈列馆对外正式开放，使旧址的历史功能得到进一步的发挥。建成后的南京利济巷慰安所旧址陈列馆

图4-1　南京利济巷慰安所旧址陈列馆于2015年12月1日开馆。(中国"慰安妇"历史博物馆藏)

占地3600多平方米，展陈面积约3000平方米。陈列馆通过一个基本陈列、一个旧址陈列和四个专题陈列，以及主题雕塑、泪洒一面墙、泪湿一片地、泪滴一条路、无言的泪、流不尽的泪等展览特色元素，真实地展现了"慰安妇"的血泪记忆。

陈列馆B栋建筑原为"普庆新村"的旅馆，原门牌号为利济巷2号，为"东云慰安所"旧址。该建筑承担了旧址陈列"金陵梦魇——南京日军慰安所与'慰安妇'史实展"，系统展示了日军占领南京后，日本军部在南京立即部署与设立慰安所的历史。南京是侵华日军实施"慰安妇"制度最早、慰安所与"慰安妇"数量最多的大城市之一，也是中、韩、朝、日等国家妇女受害最严重、最典型的地方。展览方通过资料指出，1937年12月13日至1945年9月9日，日军在南京设立的慰安所达40多处，大批妇女被强征充当日军官兵的性奴隶，充分暴露了日本军国主义的残忍、野蛮与暴虐。展览重点介绍了利济巷慰安所和曾在利济巷沦为日军性奴隶的朝鲜籍"慰安妇"朴永心，同时辐射到南京的其他慰安所，如下关华月楼慰安所、松下富贵楼慰安所等，以及雷桂英、易英兰等在南京受难的其他日军"慰安妇"。利济巷慰安所旧址陈列馆还被列为侵华日军南京大屠杀遇难同胞纪念馆的分馆。

雕塑家吴显林创作的"慰安妇"主题雕塑，静静地安放在陈列馆入口处。（图4-2）雕塑由三位"慰安妇"组成，其中一位身怀六甲，身形虚弱，一手护住腹中胎儿，一手搭在另一位妇女身上。她们的神情，无力，无助且无望。这组雕塑的由来并非臆想，创作原型是二战时期随军记者拍摄的中国战场上怀孕的朝鲜籍"慰安妇"朴永心。整组雕塑体现了罪恶的"慰安妇"制度给无辜妇女们带来的灾难性悲惨生活，表现了日本军国主义对人性的肆意践踏，给妇女带来的苦难与伤痛。

应南京方面的邀请，苏智良担任首任馆长。2016年4月18日，苏智良获聘为南京利济巷慰安所旧址陈列馆首任馆长。

《现代快报》报道：

　　南京市委常委、宣传部部长徐宁为苏智良教授颁发了聘任书。提起苏智良，南京人可能都不陌生，利济巷慰安所旧址能够成为陈列馆，与他关系密切。2003年，在苏智良等学者及《现代快报》的寻找和帮助下，朝鲜"慰安妇"朴永心重回南京，指认慰安所旧址，当时引起国内外关注。

图 4-2　利济巷慰安所旧址陈列馆广场上的朴永心主题雕塑。(苏智良 2015 年摄)

今年第六次来南京，受聘为陈列馆馆长

上午，乘高铁来到南京，下午参加完聘任仪式，谈一下馆里的工作，晚上再赶回上海……这是苏智良昨天一天的行程。

"这是我今年第六次来南京。"苏智良告诉《现代快报》记者，几乎每次来都是与抗战、"慰安妇"问题研究有关。

不同的是，这一次，他的身份有所变化：南京利济巷慰安所旧址陈列馆馆长。

提起这个陈列馆，苏智良一秒钟进入馆长角色。他表示，这是中国大陆首座经"慰安妇"亲自指认的、亚洲最大的以"慰安妇"为主题的纪念馆，也是亚洲乃至世界上，一个重要的揭示日本"慰安妇"性奴隶制度的场所。"在东京，在韩国都有类似的展馆，但规模没有这么大，所以如何把这个窗口做得更好，这是我们应该承担的责任。"

"被政府和民众的热情与担当所感动"

苏智良平时在上海工作、生活。为何想到聘任他为南京利济巷慰安所旧址陈列馆馆长？

"聘任苏教授担任馆长，最恰如其分。"南京市委宣传部部务委员、侵华日军南京大屠杀遇难同胞纪念馆馆长张建军告诉《现代快报》记者，"一个陈列馆能力作用的发挥不仅仅是看建筑和基本展陈，更重要的是看未来研究深度和对国际的影响力。毫无疑问，苏智良教授在这方面最有能力和办法来调动各方面资源，更好地发挥陈列馆的作用。"

去年12月1日陈列馆开馆后，张建军便向苏智良表达了这个想法，并多次专门拜访。据悉，此次聘任采取挂职方式，实行任期制，三年为一任期。受聘学者作为馆长，主要承担业务建设和人才培养方面的职责，每年要带领中心成员至少完成一个以上的重点研究课题。

"我是被南京市政府和民众的热情与担当所感动。"苏智良坦言，接到邀请后，他觉得以自己的工作情况，担任馆长怕到不了位。"但是张馆长他们很执着，打动了我，我就想来

图 4-3　苏智良在南京利济巷慰安所旧址陈列馆馆长聘任仪式上致辞（中国新闻社照片）

做几年，看看能不能做得更好。"①（图 4-3）

南京利济巷慰安所旧址陈列馆是目前亚洲为数不多的经在世"慰安妇"制度受害幸存者指证的慰安所。陈列馆正在成为研究"慰安妇"历史、进行国际和平交流的平台。

《二十二》纪录电影

2012 年，青年导演郭柯偶然间看到一篇介绍"慰安妇"韦绍

---

① 鹿伟：《苏智良受聘南京利济巷慰安所旧址陈列馆首任馆长》，《现代快报》2016 年 4 月 19 日。

兰经历的文章《一个"慰安妇"生下的日本孩子》。他被老人的故事触动，在苏智良的帮助下，他顺利找到韦绍兰老人，并拍摄了纪录片《二十二》。片名取自当时全国公开身份的日军"慰安妇"制度受害幸存者数字——仅剩22人。2014年，郭柯决定拍摄一部纪录片，将幸存者的故事搬上银幕。

为此，他对22名幸存者进行拍摄，这部纪录片就是《二十二》。这是一部与时间赛跑的影片，影片中的22位主人公，平均年龄超过90岁。所以郭柯不敢怠慢，2个月里走了5个省、29个地区，最终完成了22位"慰安妇"老人的拍摄。在拍摄过程中，便经历了一位老人去世，葬礼一幕被放在了影片开头。

《二十二》由青年导演郭柯拍摄，我们全力支持，并成功申请"龙标"，这是国内首部获得公映许可的"慰安妇"题材纪录片，片长99分钟。但还需要100万元才能进入院线放映，于是，2016

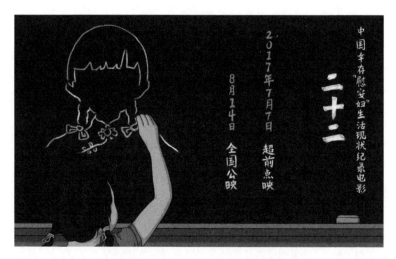

图4-4 《二十二》纪录电影的广告画。(郭柯导演提供)

年春，苏智良在腾讯网公开呼吁众筹，经过数月的努力，有32099人参加众筹，获资100多万元。

《二十二》于2017年8月14日在中国内地公映。之所以选在这一天，是因为"8月14日"是世界"慰安妇"纪念日。上映时，22个名字里有14个加上了黑框，就在上映前两天，中国大陆最后一位起诉日本政府的日军"慰安妇"制度受害幸存者黄有良去世，享年90岁。就在公映日，苏智良在《人民日报》发表《纪录伤痛也是铭记历史》一文，文章最后号召：

> 韩国去年的《鬼乡》、今年的《军舰岛》，都创造了电影票房的新纪录，也希望有更多的中国人，尤其是年轻人能走进影院，去触摸一下战争的伤痕，去思考如何捍卫和平。纪录伤痛也是铭记历史。今年是全面抗战爆发80周年，历史看似已逐渐远去，但其实又一直在我们身边，只有每个人都为它做点什么，才能让惨痛的战争记忆不再重演。①

该片获得社会各界的鼎力支持。影片上映首日，《二十二》以1%的排片率拿下395万元票房，上座率更是高达32.1%，甚至超过了当日票房冠军《战狼Ⅱ》16.7%的上座率。上映次日，排片占比4.9%，上座率高达30.8%，单日票房突破1200万，两日累计票房突破1500万。《文汇报》指出：

> 最感人的镜头之一是韩裔阿婆毛银梅的故事，如今虽已

---

① 苏智良：《纪录伤痛也是铭记历史》，《人民日报》2017年8月14日。

是一口中国话，却并未忘记乡音，常对中国养女唱起家乡民谣《阿里郎》，但受邀回故乡时，她却拒绝了，她说在那里没有亲人了。[1]

苏智良感慨地评论：

《二十二》以300万元的小制作，在20天里，实现35%的上座率，600万观众，1.7亿元的票房，并获国家"五个一工程"特别奖，成为丁酉年夏秋的一个现象级的文化事件。

在接受《中国经济学人》采访时，苏智良指出：

《二十二》里面有很多看似平淡的镜头，但如果知道这段历史后还是感受很深刻的。比如毛银梅老人，她原来姓朴，是朝鲜半岛的一个女子，被诱拐到中国武汉，成为日军性奴隶，战争结束以后她感到没有脸面回家，后来和孝感一个农民结婚，直到她丈夫去世。她无法生育，领养了一个养女，生活在一起。九十年代，我去找她，她说朝鲜话都忘了，但是家乡的发音她要记住，如果忘了就回不了家了，见不了父母了，她就和我们讲了家乡是怎么发音的，然而今年1月份她去世了，尽管她记了一辈子家乡的发音，却再也没回家，这是非常遗憾的。镜头里她唱着《阿里郎》，苍老的声音体现着

---

① 《突破1.2亿，理性温度让〈二十二〉票房"逆袭"》，《文汇报》2017年8月22日。

图4-5　2017年8月，侵华日军南京大屠杀遇难同胞纪念馆陈俊生副馆长（右二）、郭柯导演（左三）、苏智良教授（右三）、演员张馨予（右一）与《鬼乡》导演和制片人等合影。

历史的沧桑和厚重，全部体现在这歌声里了。

《二十二》在海内外的成功，表明了世界人民对二战历史还是很关注的，日本是我们的邻国，邻国对华的态度是非常重要的。我也确实没有想到会有600多万人走进电影院观看这部电影，这是中国社会在"慰安妇"问题上的一次启蒙，尽管它来得比较晚，而且有这么多的年轻人去看，去反思，我的学生也告诉我，在知乎上关于"慰安妇"问题的讨论已经超过一亿次点击，这都表明了我们社会的成熟。①

_____

① 《〈二十二〉：一次姗姗来迟的国人启蒙》，《中国经济学人》2017年9月26日。

《二十二》电影的成功放映，获得了 1.7 亿元的票房。该电影先后斩获了国家"五个一工程"特别奖等 30 多项国内外大奖。经过与郭柯导演团队的再三商议，最后达成以《二十二》摄制组等的名义，向上海师范大学教育基金会捐款 10 086 003.95 元，建立"慰安妇研究与援助"专项基金。所以，此后我们使用的援助经费，主要就是《二十二》电影的捐助款，并由该基金会管理资金。

朴永心姐妹们的归去

不少来自朝鲜半岛的日军"慰安妇"制度受害者，最初并没有回到故乡，而是散落在中国各地生活。但到了老年，她们渐渐地不支、离去。

朴来顺，战后成为海南的一名养路工，自被强征为日军"慰安妇"来到中国后，便再也没有回到故乡，1995 年孤独地告别人世。

二战后流落到武汉孝感并在那里生活了一生的朝鲜受害者毛银梅（朴车顺），她回忆当年的受难之地便是武昌，且离黄鹤楼不远，也许就是在斗级营。①她在汉口姑嫂树躲躲藏藏，遇到了在武汉打工的孝感人黄仁应。1945 年 8 月底，她跟随黄仁应来到了孝感三汊镇。"我不愿住镇上，要去乡下住，黄仁应就和我到了大黄湾。"在这里，朴车顺改名毛银梅。日子一天天过去，丈夫黄仁应

---

① 苏智良、陈丽菲 2000、2003、2006 年采访毛银梅老人记录；老人生活在湖北孝感，2017 年逝世。

很想要个孩子，可在日军慰安所惨遭蹂躏，毛银梅患有严重的妇科疾病。毛银梅始终不孕，后来领养了一个女儿。丈夫病故后，母女相依为命。当前来探望的韩国大使馆工作人员询问，老人身后是否愿回韩国老家时，毛银梅坚定地说："不麻烦了，就葬在这儿。"在孝感，这个孝道昌隆的地方，毛银梅过着一份实实在在的生活。五世同堂，没有血缘的亲人个个爱她，体贴入微。2017年1月18日，原二战时期日军"慰安妇"制度受害幸存者毛银梅老人在湖北孝感病逝，享年95岁。1月20日，追悼仪式在孝感市火葬场举行，有200人参加，韩国驻武汉领事也前来吊唁，我们中国"慰安妇"问题研究中心也派了陈斌、方奇两位志愿者参加。之后葬礼在湖西村黄氏陵园举行，毛银梅老人家属及村民共数百人参加，为老人送上最后一程。

河尚淑，1928年出生于忠清南道瑞山，从小名字叫河床淑。1944年17岁被欺骗到中国武汉，成了日军性奴隶。老板认为，河床淑三个字会令日本人讨厌，指定改名为何君子。河尚淑所在的慰安所是积庆里的二层建筑，名字叫三成楼（今积庆里22号）。老人回忆："积庆里的两侧都是慰安所，总共有12家以上。其中有日本人'慰安妇'的只有两三家。每家的朝鲜人'慰安妇'有10到20人。积庆里弄口有大铁门。我们不能自由出入。每天要接待5到10名日本兵，星期日至少是20个日本兵。"

战后，留在武汉的何君子与宋姓中国电工结婚，含辛茹苦地将丈夫带来的三个女儿养大成人。在湖北，何君子串联众姐妹，先后共有44名原朝鲜"慰安妇"幸存者，她们大部分成家，但只

图4-6　2009年7月,河尚淑大娘来到上海师范大学,给美洲朋友讲述她受害的故事。(中国"慰安妇"历史博物馆藏)

有三位生育了后代,何君子看着这些姐妹们相继离世。①2000年,跟随苏智良、陈丽菲到东京参加"慰安妇"民间法庭活动,她恢复了河尚淑的原名,此后终于在韩国老家找到弟弟。2016年2月,何大娘骨折重病,韩国外交官帮她办理了回国治疗手续。苏智良2016年10月到韩国开会时,到医院探望何大娘。2017年8月28日上午,河尚淑大娘在报勋医院逝世,享年89岁。

---

①　武汉的朝鲜"慰安妇"幸存者主要有洪江林、李凤和、郑凤兰、朴莫达、洪爱珍、张春月、林锦伢、金义庆、李亦根、李秀英、姜英子、朱金水、金永凤、朴玉锦、江春莫、金龙、金小饭、杨年香、金德、陈旺、王子英、李顺依、江空英、郑月珠等。

2001年，苏智良来到东宁金淑兰老人家作调查。出生于平壤的金淑兰15岁时被卖掉，对方说是做干女儿，实际上是干苦力。19岁时，她被人以300元的价格卖到东宁的慰安所。老人回忆：

> 东宁慰安所的老板特别狠毒，接待不好日本人就往死里打。后来从石门子下来的一个日本军官，是个上尉，他经常来，我们就认识了。他说石门子能比这里好点，叫我上那去。我想，换个地方兴许能强点，到了石门子一看，到哪都是一样。
>
> 每天要接待20多个，甚至数不过来。老板规定，每天接待十个日本兵以上，便可吃点高粱米饭，大葱蘸盐面。如果接待只有八个以下，就不给你饭吃。后来受不了啦，到哪都一样，每天都达到无数个，有时候达到休克为止（流泪）。①

后来金淑兰大娘被接到韩国生活，恢复原名金顺玉，2018年12月逝世。正巧苏智良与康健律师在首尔开会，特地抽空到医院祭拜金大娘，并与其子等交流。

2015年9月，姜日出老人从首尔来到上海。在上海师范大学，她对听众说：

> 我在16岁的年龄被拐到中国，花季成噩梦，这不是我的错。但到中国来后，感受到了中国人对我的好。解放后，我

---

① 苏智良：《我被卖过五次——金淑兰自述》，韩茂才、宋吉庆、苏智良调查于黑龙江东宁县东宁镇率宾路某号金淑兰大娘家，2001年8月11日。

图4-7　韩国首尔,金顺玉(金淑兰)大娘的灵堂,左侧摆放着文在寅总统敬献的花圈。(苏智良2018年12月6日摄)

回到韩国,可父母兄弟都不在了,只有当年的小村子,还有点儿当年的模样。

那些日本兵,他们从日本到中国,我不知道他们为什么要去侵略别人。他们长着人的脸,不是猪狗,不是动物,我不知道他们当年为什么要那样做!我在世最大的心愿是得到日本的道歉和赔偿。我只希望,今后不要再有战争,后代不要再受我们的苦。

李凤云老人,原名李寿段,1922年出生于朝鲜平壤的一个穷苦农民家庭,18岁那年,为治疗母亲重病被骗卖身日本"工厂",随日本人来到中国黑龙江省阿城市,被关入日本人开设的"旅馆"——实际就是慰安所。每天她都被迫接待十多个日本兵,每接待一次，便得到一张小票。按规定，每天必须上交15张小票，少一张都要挨打。食物，只有两顿掺了糠麸的高粱米和大葱蘸盐面。若生重病，只能眼睁睁地等死，然后被卷在被服里扔到荒野中去。很多同来的朝鲜姐妹因恶劣的生活环境而先后病死。一年后，日军为了防范苏联进攻东北，在东宁、孙吴、牡丹江等地修建要塞。李凤云和幸存的几个姐妹又被送到东宁县的日本军官会馆（即慰安所），继续遭受日军的蹂躏。

1945年8月日本投降，李凤云才得以逃出苦海，在东宁县大肚川镇隐瞒身份居住下来。当年被迫成为"慰安妇"的地狱般经历，始终是老人心头挥之不去的阴影。她曾经有过一段婚姻，但因"慰安妇"的地狱经历丧失了生育能力，屡受丈夫打骂。1991年，李凤云的老伴病故，李凤云被镇政府安排到镇敬老院生活。1998年，苏智良等和韩国"挺身队"问题研究所联合发起了"寻访慰安妇"的活动。当一行人在当地走访、调研时，李凤云老人闷在心里多年的苦水终于倒了出来。

东宁县人高自祥身有残疾，但有一副好心肠，穷苦人帮穷苦人，平时一直尽力照顾李凤云，之后主动将李凤云认作养母，近二十年里他一直照顾着老人的生活起居。老人虽然得了几次重病，但在社会各界好心人的照料下奇迹般康复了。

据老人的义子高自祥介绍，可能是老人一生无子，晚年的老人喜欢上了布娃娃，还给其中两个娃娃起名叫"亮亮"和"妞妞"，整天抱着娃娃不撒手。（图4-8）

2016年5月17日，黑龙江省同时也是东北三省最后一位二战时期日军性奴隶制度受害幸存者李凤云老人因病逝世，享年95岁。当时的韩国总统朴槿惠赠送花圈，表示哀悼。

图4-8　晚年的李凤云老人,孩子玩偶不离手,似乎以此弥补无法生育的遗憾。(中国"慰安妇"历史博物馆藏,2014年摄)

随着老人们的离去,互联网上网友们纷纷留言:"这辈子辛苦了,下辈子一定幸福!"——希望如此。

"直到全部离开,阿婆们仍没有等来一句道歉。"——期待加害国政府早日悔过、道歉、赔偿,彻底解脱。

如今,在中国发现的来自朝鲜半岛的数十位受害幸存者,也就是朴永心的姐妹们,已全部离世了。而发端于1992年的汉城星期三抗议活动,则一如既往地仍在延续。这个坚持了三十多年的抗议活动告诉世人:"慰安妇"问题作为第二次世界大战的遗留问题,并没有得到解决。(图4-9)

图4-9　这张照片摄于2016年12月14日。飘着雪花的寒冬,也抵挡不住首尔市民的热情,青少年成为了周三抗议活动的主力。如今,周三抗议活动仍在首尔延续。(上海师范大学志愿者詹芳芳摄)

"慰安妇"问题基础概念的再探究

  战争是血与火的碰撞、枪与炮的厮杀。善良的人们常言,战争让女人走开。但是日本侵略军来了,烧杀抢掠、无恶不作,数十万女人被战争所裹挟,跌入深渊,沦为日军的"慰安妇"。"慰安妇"是二战时期日本国家建立的军事性奴隶制度的受害者,是日本国家侵犯人权的标志性问题,是二战时期侵略国家战争犯罪的代表和象征,也是第二次世界大战的重大遗留问题。

  然而,在战后很长的时期里,人们对日本战时的"慰安妇"问题几乎一无所知。1991年,因纪念太平洋战争爆发50周年而被揭发出日军推行军事性奴隶——"慰安妇",这一闻所未闻的反人类罪行的新闻报道迅速占据了各国的报刊和电视台头条。由此,"慰安妇"一词在世界范围内才得以传播。随后,出现了日本、中国、韩国及东南亚等国历史档案被深入发掘,幸存者不断站出来控诉,历史见证者提供了珍贵证词,各国学者进行实地调查和研究,媒体进行追踪报道,各国国会和政府追问,法庭的申辩与判决,影视片制作与热映等情况。可以说,这股汹涌澎湃的热潮延续至今。

  30多年过去了,各国学者出版了数以千计的论著,基本弄清了这一事件的来龙去脉。但仍需要更多的研究力量、更长的研究时间，才能彻底揭开它的真相。基础概念或者说核心概念，组合为概念群，是人们对事物本质的认识，是诠释某方面事物的精髓，是一种"常数"。在"慰安妇"研究领域，基础概念的解释与理解仍存在非常悬殊的差别。历史学的进步沉淀于概念的不断再认识。本文对"慰安妇"历史的四个基本概念进行重审，以求厘清概念，正本清源，达成共识。

一、"慰安妇"定义的演变

首先，何谓"慰安妇"呢？

《广辞苑》是日语的权威辞典，但对"慰安妇"的认识经历了漫长的进化过程。1978年第2版《广辞苑》的解释非常简单："慰安妇"，"是随军到战地部队慰问过官兵的女人"①。但是，"慰问"的含义是什么，是怎样"慰问"的？"慰安妇"随军是自愿的还是被迫的？并没有答案。1983年第3版《广辞苑》对该词义有所补充，释义为"慰安战地官兵的女性"。显然，该辞典的解释仍然模糊了"慰安妇"一词的真实含义，它无法反映历史上"慰安妇"受到的来自日军官兵残酷无比的性迫害。《广辞苑》在第6版时已有进步，将其解释为日中战争、太平洋战争时期，被日军强征的、以官兵为性对象的女性，包含许多殖民地、占领地出生的女性。②

现在的第7版《广辞苑》，终于有了客观定义，认为从军"慰安妇"是指在日中战争、太平洋战争时期，在日军管理下的战地慰安所以官兵为性对象的女性。大多是殖民地、占领地出身的女

①新村出编：《広辞苑》，岩波书店1978年第2版，第62頁。
②新村出编：《広辞苑》，岩波书店2008年第6版，第1318頁。

性，被强制征募及服务。①

日语《大辞林》也做出了类似的解释，认为"慰安妇"是指在中日战争和太平洋战争中，从朝鲜等亚洲地区网罗的、被强制要求成为战地日军官兵性对象的女性们，即从军"慰安妇"。②

从"慰安妇"定义的变化中，我们可以解读出两个重要信息。第一，与之前的定义相比，两部日语辞典揭示了"慰安妇"这一暧昧性词语所隐藏的事实。也就是说，这些"慰安妇"不是自愿的，而是被强制的。这些被强迫的女性主要来自于中国、朝鲜及东南亚等亚洲国家。第二，虽然新版释义有了重大进步，却保留了另一种暧昧性，即谁强迫这些女性充当了"慰安妇"？主体是谁？是战时的日本政府及其军队，还是色情业的从业者？显然，两部辞典并未做出进一步的解释。

《广辞苑》与时俱进了，但日本政界、教育界在"慰安妇"等战争遗留问题上，却在倒退。

从字面上分析，"慰安妇"这个日语名词带有强烈的"加害者"色彩，是非常暧昧的名词，它无法表达出"慰安妇"制度本身所具有的暴力性与强制性。从日军强征"慰安妇"的方式、目的及过程，尤其从亚洲各国幸存者的回忆、历史文献以及包括加害者——原日军官兵的证言来看，"日军性奴隶"才是最为确切的释义。这一概念的生成有着扎实的调查基础、长期史学研究的结论以及国际社会的共识。

1996年，联合国人权委员会委托拉迪克·科马拉斯瓦密（Ms.

---

① 新村出编：《広辞苑》，岩波书店2018年第7版，第1374頁。

② 三省堂编集所、松村明主编：《大辞林》第3版，東京：三省堂2006年版，第105頁。

Radhika Coomaraswamy）主持日军"慰安妇"问题调查。这位斯里兰卡法学家在最终报告中指出，根据国际法，"慰安妇"是日本在战争时期犯下的有组织强奸及奴隶制的罪行。[①]1994年11月22日，国际法学家委员会[②]公布了关于日军"慰安妇"问题的报告书，结论是"慰安妇"在慰安所里的生活极其悲惨，不光遭受性侮辱，还会遭到殴打和折磨。这些妇女的悲惨命运并没有随着战争结束而终结。日本战败时，在前线的大量妇女被日军屠杀，或者被日军抛弃后死于异国他乡，只有少数人得以生还。日本军队是大多数"慰安"设施的创立方与管理方，并负责将来自中国、朝鲜和菲律宾等地被强掳或欺骗的妇女输送到各处慰安所。[③]1998年，国际防止歧视与保护少数群体分委员会审核通过特别报告员盖·J.麦克杜高（Gay J.McDougall）提交的报告《现代奴隶制形式：战争冲

[①]Ms. Radhika Coomaraswamy, in Accordance with Commission on Human Rights, Report of the Special Rapporteur on Violence against Women, Its Causes and Consequences, Resolution 1996.

Radhika Coomaraswamy, Report of the Special Rapporteur on violence against women, its causes and consequences, in accordance with Commission on Human Rights resolution 1994/45, U.N.Doc.E/CN.4/1996/53/Add.1（Jan.4, 1996）.

[②] 国际法学家委员会,由全世界30位顶级法学家构成;国际法学家委员会发布关于"慰安妇"问题的调查报告是迄今为止最有法律权威的调查报告。

[③]International Commission of Jurists, Comfort Women: an Unfinished Ordeal, Report of a Mission by UstiniaDolgopol and SnehalParanjape, pp.15–18.

Ustinia Dolgopol, Comfort Woman: An Unfinished Ordeal: Report of a Mission（Geneva: International Commission of Jurists, 1994）, pp.15–18.

突时期集体强奸、性奴隶制和等同奴隶制的行为》。报告指出，1932年到二战结束，日本政府和日本军队在亚洲强迫超过20万名女性成为了性奴隶。[①]

这些基本一致的结论，得到世界各国进步人士和组织的赞同，可以说已成为国际共识。笔者在20年前即已指出，"慰安妇"是指因日本政府或军队之命令，被强迫为日军官兵提供性服务、充当性奴隶的女性。"慰安妇"制度是二战时期日本政府强迫各国妇女充当日军的性奴隶，并有计划地为日军配备性奴隶的制度，也是日本军国主义违反人道主义、违反两性伦理、违反战争常规、制度化了的国家犯罪行为。"慰安妇"的历史也是世界妇女史上空前的、最为惨痛的被奴役记录。[②]

2000年4月，首届中国"慰安妇"问题国际学术研讨会在上海举行，这是中国学界第一次召开"慰安妇"专题学术研讨会。闭幕式上，中美韩日学者分别用四种语言宣读决议书：日本政府和军队在战前、战时的殖民地和占领地实施的"慰安妇"制度是军事性奴隶制度，是日本军国主义战争犯罪的重要组成部分，也是对女性人权的严重侵犯。同年12月，盛况空前的东京"慰安妇"民间国际法庭的判决书也明确指出，战时日本政府推行"慰安妇"

---

① Ms. Gay J. McDougall, Contemporary Forms of Slavery: Systematic Rape, Sexual Slavery And Slavery-Like Practices During Armed Conflict, E/CN.4/Sub.2/1998/13, 22 June 1998, p.3.

Gay J. McDougall, Contemporary Forms of Slavery: Systematic Rape, Sexual Slavery and Slavery-Like Practices During Armed Conflict, E/CN.4/Sub.2/1998/13 (22 Jun 1998), p.3.

② 参见苏智良、陈丽菲：《侵华日军慰安妇制度略论》，《历史研究》1998年第2期；苏智良：《慰安妇研究》，上海：上海书店出版社，1999年。

制度，强迫各国妇女充当日军的性奴隶，凌辱、残害日军占领区的妇女，违反了当时的国际法，已构成犯罪。[①]

强制性，也就是失去人身的自由。这些被称为"慰安妇"的妇女处于日军控制下的性奴役状态。这是区别日军性奴隶制与日本公娼制度以及一般商业卖淫的最重要特征。

从历史上看，日军将"慰安妇"从日本妇女扩展到指称中国、朝鲜受害女性时，这一称呼已不适用。日军"慰安妇"的存在时间为1932年至1945年，1937年以后逐渐形成"慰安妇"——性奴隶制度，到1941年太平洋战争爆发后，日本将慰安所推进到东南亚各地。

所以，如果要给"慰安妇"下一个最简单的定义，就是日军性奴隶。这就标明了日本政府和日军的责任，这也是"慰安妇"问题的本质特征。

二、"从军慰安妇"

20世纪90年代及以前，不少日本学者使用"从军慰安妇"一词，最早的也许是千田夏光。他于1973年在双叶社出版了《从军慰安妇》，后来在1978年出版了《"从军慰安妇"·正篇》[②]。1991年，律师高木健一出版了《"从军慰安妇"与战后补偿》[③]一书。次年，吉见义明主编的《"从军慰安妇"资料集》问世，影响深远。同一年，日本"从军慰安妇110番"编辑委员会编辑的《"从

---

①VAWW—NET Japan:《日本軍性奴隸制を裁く——2000年女性国際戦犯法廷の記録》第1、2卷，東京:綠風出版2000年版。

②千田夏光:《從軍慰安婦·正篇》，東京:三一書房1978年版。

③高木健一:《随軍慰安婦戦後補賞》，東京:三一書房1992年版。

军慰安妇"110番》由明石书店出版，记录了日本老兵关于"慰安妇"回忆的电话记录。1997年，日本女性国民基金会主编的《"从军慰安妇"关系资料集成》出版。[1]包括《广辞苑》在内，至今为止仍列"从军慰安妇"词条，而非"慰安妇"。日本对"从军慰安妇"的使用也影响到其他国家。在韩国的新闻界、教育界和学术界，使用"从军慰安妇"一词颇为广泛。

但我们在检视日本战时文献资料时会发现，战时文献很少使用"从军"两字。例如，日本外务大臣与在华外交官关于"慰安妇"招募、渡航的往来文件中，使用"慰安妇"一词。[2]1938年3月4日，陆军省颁发"陆支密第745号文件"，这是给华北方面军及华中派遣军参谋长的指示，明确使用"慰安妇"一词。[3]次年6月，独立山炮兵第三联队本部给各部队队长的指示中，也明确使用"慰安妇"一词。[4]1940年12月10日，第一遣华舰队第一医院院长松见茂雄军医大佐陈述在华"功绩"时，也使用"慰安妇"一词。[5]

我们有必要讨论"从军"这一名词意涵的流变。在中文语境

---

① 女性のためのアジア平和国民基金编：《従軍慰安婦関係資料集成 警察庁関係公表資料／外務省関係公表資料》1—5卷，東京：龍溪書舎1997年版。

② 参见吉見義明编：《従軍慰安婦資料集》，東京：大月書店1992年版。

③ 吉見義明编：《従軍慰安婦資料集》，東京：大月書店1992年版，第105—106頁。

④ 吉見義明编：《従軍慰安婦資料集》，東京：大月書店1992年版，第222頁。

⑤ 吉見義明编：《従軍慰安婦資料集》，東京：大月書店1992年版，第252頁。

里，"从军"一词已使用两千余年，意为参加军队，投身军旅。《史记·东越列传》："旧从军无功，以宗室故侯。"汉王粲的《从军诗》之一："从军有苦乐，但闻所从谁。"汉代乐府《十五从军征》道："十五从军征，八十始得归。道逢乡里人，家中有阿谁？"最为家喻户晓的，便是木兰从军的故事。

在二战中，中国、朝鲜、东南亚妇女被日军及其帮凶强征为性奴隶，每日受侮辱，境遇悲惨，并无任何"从军"之意，与日本士兵的"从军"甚至是"从军护士"都有本质的区别。所以，不应该使用暧昧的"从军慰安妇"一词。笔者曾在多个国际会议场合重申了这一立场，并得到越来越多外国学者的响应。

战时和战后，用中文表达日军"慰安妇"时，会使用"营妓"一词。如1944年云南腾冲收复后，中国军队第198师第592团团长陶达纲在9月14日的战斗报告中指出，"俘获军官3人，士兵52人，营妓18人"。① 《扫荡报》记者潘世徵介绍他在腾冲城南参观了几座"营妓公馆"，采访了"朝鲜营妓"。②

战后，许多朝鲜"慰安妇"集中到上海，然后被遣返回国。有报道称："朝鲜被日人压迫了许多年，一切都给日本化了。当敌人侵略战发动，他们就被征用，男的充作浪人，女的便作为营妓，日本军人思想之刻毒，上帝如（似）乎早已为他们安排了悲惨的结局了。联合国胜利之后，那些散处在我国各地的朝鲜营妓，也就陆续集中到上海来，当时，就有几个在上海的朝鲜人，毅然担

---

① 秦孝仪主编：《中华民国重要史料初编——对日抗战时期　第二编：作战经过》，1981年，第507-508页。

② 潘世徵：《敌随军营妓调查——腾冲城内一群可怜虫》，《扫荡报》1944年9月26日。

负起收容这些被蹂躏得不成样的女同胞。他们在虹口宝德里三元里等处设立了朝鲜营妓的收容所。到目前为止，总共收容了将近三百个的可怜虫。"①

此处的"营"即军营，营妓可以解释为"军营中的妓女"。一方面，"慰安妇"一词当时只限于日军方的使用，民间并无知晓，另一方面当时人们对日军性奴隶之本质还缺乏认识，囿于传统认识，所以用中文世界常用的"营妓"来表述，这也是可以理解的。

三、慰安场所

在日军中，被允许"合法"强奸女性的相对固定的场所，通常可以分为两种类型，第一类就是慰安所。

从中国方面看，根据主办者来划分，有日军直营、日侨、韩侨、中国伪政权和汉奸等建立的慰安所。日军自设慰安所是最普遍的形式之一，从军、师团、联队、大队，甚至到警备队或小队，都有其主管和经营者。日军占领南京后，第16师团就建立了不少日军管理的慰安所，如第38联队第8大队的天野中队慰安所、第33联队第2大队的慰安所等。②如果使用上级指定的慰安所，就会受到时间、纪律等影响，而本部队设立的慰安所，限制就少多了。因此，日军部队自设慰安所的现象十分常见。日侨建立的慰安所在城镇中较为普遍，属于"军督民办"。如上海"海乃家"慰安

---

① 陆中:《可怜虫！大批营妓集中》,《文饭》1946年第5期,第6页。

② 松冈环:《南京战·寻找被封闭的记忆》,新内如、全美英、李建云译,上海:上海辞书出版社2002年版,第137-138、159页。

所，老板就是前海军士兵坂下熊藏，开办资金也来自军方。[1]1910年后，朝鲜被日本吞并，朝鲜人成为二等公民。在日军驱使下，韩侨设立的慰安所数量不少。如浙江金华设有青叶、菊水楼、金华楼、金泉馆等慰安所，[2]武汉积庆里也有十多家韩侨开设的慰安所。日军也会命令地方伪政权建立慰安所，如杭州的汉奸在大亚、大陆、东方、清泰第二旅馆原址设立多家慰安所，媒体曾报道"强迫良家妇女，供敌淫乐。每天售票一张，纳资两元。门首驻有敌宪兵，各银行多被占用"[3]。

从规模上看，有大型的慰安所，如上海虹口行乐所的受害女性达数百人。[4]有中型的慰安所，如1936年12月关东军要求汤原县伪公署强拉中国青年妇女30名，建立慰安所。[5]而小型慰安所只有女性数人。如日本兵水富博之任山西霍县保安队指挥官时，强迫4位平遥女性在慰安所接待日本兵。[6]

从接待日军的角度划分，有将校慰安所、下士官慰安所、士兵慰安所。除了各种慰安所外，还有变相的"强奸中心"，通常名称有"饭店""酒吧"和"招待所"等。

---

①華公平:《従軍慰安所"海乃家"の伝言》,東京:日本機関紙出版センター1992年版。

②《抄呈金华鸡林会会则及名簿文》,1945年1月30日,L001-001-636-020,浙江省金华市档案馆藏。

③《劫后江南(十三)》,《申报》(汉口版)1938年2月22日。

④《上海的地狱——敌寇的行乐所》,《大公报》1938年2月27日。

⑤《中央档案馆藏日本侵华战犯笔供选编》第2辑第54册,北京:中华书局,2017年,第28页。

⑥《中央档案馆藏日本侵华战犯笔供选编》第1辑第5册,北京:中华书局,2015年,第44页。

日本政府和军方企图将对妇女的暴力约束在慰安所中，慰安所或者说只有慰安所是允许士兵与妇女发生性行为的空间，但结果是失败的。在战争状态下，许多时候无法建立慰安所。既然国家允许在慰安所与妇女发生性关系，那么在日军驻屯地自然也可以与妇女发生性关系。于是就出现了第二种类型：女性被囚禁在日军炮楼、据点或其他驻屯地等遭受性奴役。这种情况普遍得到日军军官的认同。

在中国战场，日军经常随意抓捕当地女性到据点进行奸淫。1942年，日军在浙江诸暨"扫荡"，霞山村的一对夫妻躲藏在后山灌木中。日军搜山时抓走了妻子，后被一个日本军官长期霸占，成为"慰安妇"。也是这一天，还有一位少妇被抓，被软禁在直埠洪家墩头炮台旁据点中，做了另一军官的"慰安妇"。[①]驻安徽宿县和各据点的日军还要求周边地区的汉奸、走狗强抓民女送进据点，供其奸淫。[②]

日军在山西武乡、沁县、盂县等地与八路军对抗时，经常到附近村庄抓捕年轻妇女至据点炮楼里，使驻屯地成为"合法的强奸中心"。1937年10月，日军第一混成旅团一部侵入宁武县城，掳掠大批中国妇女，把她们关押起来，圈成临时慰安所，每日奸淫虐待。当日军撤退时，便将这些妇女全部杀死。[③]日本兵秋田松吉

① 中共诸暨市委党史研究室编：《血与泪的诉说——回忆侵华日军在诸暨的暴行》，北京：中共党史出版社，2010年，第72-73页。

② 方兆本主编：《安徽文史资料全书·宿州卷》，合肥：安徽人民出版社，2006年，第10-11页。

③ 李秉新等主编：《侵华日军暴行总录》，石家庄：河北人民出版社，1995年，第344页。

供认，从 1940 年 2 月至 1941 年 5 月，日军第 43 大队第 3 中队驻扎于山东省章丘县，在南曹范据点有 15 人的分遣队。山根伍长通过伪村公所强行带来 5 名中国妇女做"慰安妇"。于是，分遣队的 15 名士兵对该 5 名妇女进行淫污，时间长达 17 个月。1941 年 5 月至 1942 年 6 月下旬，在历城区西彩石村，秋田所在的分队，通过伪区公所强制 2 名中国妇女为"慰安妇"，分队中 15 人对该 2 名中国妇女进行了 13 个月时间的淫污。①战犯市毛高友曾任中队长、联队代理副官等职，于 1939 年到 1942 年侵入山西、河北各县，抓捕多名中国妇女，使其沦为性奴隶。如 1940 年 3 月，在山西曲沃县城，他强暴一名中国"慰安妇"达 10 次之多。②日军在驻屯地长期拘押并奸污当地女性。这些女性最为悲惨，毫无人权可言，可以说是日军"慰安妇"中受害最深的人群。

在 20 世纪 90 年代，有些外国学者认为，不在慰安所的受害女性不能叫作"慰安妇"，也就是说在慰安所里成为日军性工具的女性才能称作"慰安妇"。如果"慰安妇"的定义是日军性奴隶的话，那么，只要是受害者处于被日军性奴役的状态，无论她是否身在慰安所还是其他的场所如窑洞、草棚等，她就是被日军拘押的性奴隶，就是所谓的"慰安妇"。

有些日本学者以为在前线，尤其是山西，当地妇女都是在炮楼据点受害的，但实际并非如此。正如表 1 所列，在山西这个战争前线，日军至少在太原、大同、汾阳、运城、闻喜、昔阳、和顺、

①《中央档案馆藏日本侵华战犯笔供选编》第二辑第 78 册，北京：中华书局，2017 年，第 288 页。

②《中央档案馆藏日本侵华战犯笔供选编》第二辑第 65 册，北京：中华书局，2015 年，第 430-431 页。

平定、繁峙、陵川等地设立了一批慰安所。

表1　山西日军慰安所举例

慰安所名称	时间	地点	详情
20师团慰安所①	1938年	运城	运城北面的角落的一个民居,设立了慰安所。
37师团慰安所②	1943年10月到11月	闻喜县横水镇、河底镇	第37师团司令部情报室勤务兵长B回忆,至少开设了3个慰安所。
独立混成第3旅团③	1945年2月20日至3月22日	繁峙县	30名当地妇女
星俱乐部④	1942年4月至1944年4月	太原	中国妇女
太原察院后日军慰安所⑤	1938年	太原城	日本第1军开设

①中村信:《大草原》,东京:日本青云社1971年版,第29-32页。

②川田文子:《侵略证言が提起するもの中国罪犯供述书にみる日本军の性暴力》,《戦争责任研究》第23号,1999年版,第22页。

③《中央档案馆藏日本侵华战犯笔供选编》第一辑第13册,北京:中华书局,2015年,第467页。

④《中央档案馆藏日本侵华战犯笔供选编》第二辑第68册,北京:中华书局,2017年,第550页。

⑤《连络》1946年,山西省档案馆藏。

续表

慰安所名称	时间	地点	详情
山炮兵第36联队①	1943年	沁县	沁县城内有家朝鲜慰安所
大同日华亭慰安所②	1938年以后	大同	中国、朝鲜受害者。为日华亭慰安所挑水的王万荣老人口述
慰安所③	1944 年 10 月至1945年6月	昔阳县、和顺县、平定县	中国、朝鲜受害者
河底镇慰安所④	1942年	闻喜县	
霍县慰安所⑤	1944年	霍县	
阳泉⑥	1941年6月至1942年6月	阳泉	2名中国当地妇女

---

①吉見義明編:《從軍慰安婦資料集》,東京:大月書店1992年版,第281页。

②韩天才2014年6月25日致苏智良的信和论文。

③《中央档案馆藏日本侵华战犯笔供选编》第一辑第46册,北京:中华书局2015年版,第194页。

④《中央档案馆藏日本侵华战犯笔供选编》第一辑第5册,北京:中华书局2015年版,第414页。

⑤《中央档案馆藏日本侵华战犯笔供选编》第一辑第5册,北京:中华书局2015年版,第414页。

⑥《中央档案馆藏日本侵华战犯笔供选编》第二辑第84册,北京:中华书局2017年版,第310页。

慰安所名称	时间	地点	详情
陵川县城①	1944 年 9 月下旬	陵川	7 名 20 岁以下的中国妇女
汾阳县杨家庄慰安所②		汾阳	朝鲜人"慰安妇"

其实，抗战时期没有绝对的前线与后方。在一般人以为是后方的上海、南京等大城市中，一定时期也有日军设立的临时慰安所。而在华北、华南、云南、海南岛等前线地区，也有大量正规的日军慰安所。

四、"慰安妇"制度

所谓的"慰安妇"制度就是日本政府及其军队上层强掳或诱骗妇女充当性奴隶，为日军建立慰安所的军内制度。在 1937 年发动全面侵华战争之后，日本便逐步在海陆空各军中推广慰安所。从中国的上海、北平、广州、武汉等大城市到穷乡僻壤，只要有日军，几乎就有慰安所（包括在据点、炮楼中设置临时慰安所等）。到 1941 年 12 月太平洋战争爆发后，这一制度又推广到东南亚各地以及太平洋各岛屿。参与强征妇女、建立慰安所的政府部门，涉及陆军省、海军省、外务省、法务省、内务省、厚生省、

---

①《中央档案馆藏日本侵华战犯笔供选编》第二辑第 54 册，北京：中华书局，2017 年，第 156-158 页。

②《斋藤良雄的笔供》，1954 年，119-2-1024-1-5，中央档案馆藏。

警察系统以及各都道府县地方政府等。①所以说，日本政府及其军队是这一性奴隶制度的"助产婆"。

日军通常在军这一层级设置管理慰安所的机构，由参谋部、管理部、军医部共同负责慰安所事宜，也有在酒保部或兵站下面设立专门管理慰安所的机构。有的称之为"某某科"，有的则直接命名为"慰安所科""慰安妇股"。如在关东军内，由司令部参谋第三课负责建立和管理慰安所。在上海驻屯的日军第7331部队，则专门设有慰安所科。②驻武汉的日军第11军的兵站也设有慰安所科，由8人组成，有军官、下士官各2人，士兵4人。这个兵站还在湖北各地设立兵站支部，自上而下形成垂直管理机构，其职责是管理"慰安妇"，监督慰安所的运营。

为了满足数百万日本军人的性需求，日本政府要员及军队上层企图更加规范地建立慰安所，有计划甚至按比例地去推广慰安所。根据日本记者千田夏光的研究，1941年日本关东军为对付苏联，发动了大规模的"关东军特别大演习"。根据日本天皇批准的演习《作战动员计划书》，"动员为70万兵员慰安使用2万'慰安妇'从军"，准备带到"满洲"和西伯利亚。当时，关东军司令部参谋人员做了精确推算，指出日军与"慰安妇"的比例应该为37.5∶1。③如果加上就地征募的妇女，"慰安妇"人数则更多。

---

① 参见苏智良:《日军"慰安妇"研究》,北京:团结出版社,2015年;苏智良、刘萍、陈丽菲主编:《日军"慰安妇"问题调查与研究》,上海:上海书店出版社,2019年。

② 吉見義明編:《從軍慰安婦資料集》,東京:大月書店1992年版,第271頁。

③ 千田夏光:《從軍慰安婦》,東京:双葉社1973年版,第162頁。

金一勉根据战时日军广为流传的"二九一"这一隐语，分析指出，军队内部混乱的起因之一是士兵们的性处理得不圆满，因此，需要一定数量的"慰安妇"。以1名"慰安妇"1天只能满足29名男性的限度，认为29名官兵对1名"慰安妇"较为妥帖，所以，关东军就提出了"二九一"这个比例。另一些学者认为，日军与"慰安妇"的人数比在29∶1到33∶1之间。

在"慰安妇"制度的推行过程中，无论是"慰安妇"的征集和运输、慰安所的建立，还是慰安所的警备和管理，均由日军直接参与谋划、指挥以及统属管理，这是确凿的历史事实。

"慰安妇"制度是日本军国主义、日本侵略战争、殖民主义等复合因素的产物。我们仍需要不断寻找文献资料，与各国合作，深入研究"慰安妇"问题的轮廓、细节与本质。通过对这一人类历史上极其悲惨事件的反省与认识，使人们变得理智起来，并制止这类悲剧不再重演。我们需要铭记，当正义无法伸张时，人类文明将永远无法进步。

附录二

文献、口述与研究：
重建日军"慰安妇"的历史事实

 自 1991 年 8 月 14 日韩国金学顺女士指证日军性奴隶暴行以来，已过去 30 多年，日军"慰安妇"——性奴隶的反人类罪行，日益被人们知晓。各国的史学界、法学界等为此付出艰辛的努力，国际社会也基本达成了共识。但要真正弄清这一重大历史事件的真相并解决这个第二次世界大战历史遗留问题，还需要国际社会的共同努力。就世界史学界的关注程度而言，笔者以为"慰安妇"问题在二战历史研究、教学中仍未得到充分的重视。本文拟总结回顾日军"慰安妇"问题的研究过程与成果，并就几个重要问题进行阐述。

一、重建日军"慰安妇"的历史

 尽管 1948 年 11 月 4 日东京远东军事法庭审判中稍微涉及"慰安妇"这个概念，"在占领桂林时期中，日军犯下了强奸和抢劫之类的一切种类的暴行，他们以设立工厂为口实招募女工，如此被招募的妇女，被强迫为日军作娼妓……"①但由于时间仓促、取证困难，加之日本当局刻意隐瞒等原因，因此"慰安妇"制度的实施没能被列为专门的犯罪类型，并予以追究和判决。

1991年以来，日军"慰安妇"历史的调查研究经历了非常艰难而曲折的复原历程。复原的困难在于：其一，战败时日本销毁了大量的文献；其二，在受害者和受害国方面，性伤害的事情难以启齿，且大部分受害者已离开人世了。

尽管困难重重，但在韩国、中国大陆和台湾地区、菲律宾、东帝汶、印度尼西亚、荷兰等地"慰安妇"幸存者勇敢作证的引导下，在各地人权组织的推动下，在联合国人权委员会等国际组织旗帜鲜明的决议下，同时也得益于历史学家、法学家等深入、艰难的田野调查取证，以及各类历史文献的搜集与公布，从而逐渐揭露出战时日军"慰安妇"制度的秘幕。

在日本，中央大学吉见义明教授的团队寻找档案文献，出版资料集，推进学术研究。②松冈环、西野瑠美子等对日本老兵进行

---

① 《远东国际军事法庭判决书》，张效林译，群众出版社1986年版，第490页。

② 吉见义明关于"慰安妇"的主要作品有《從軍慰安婦資料集》（大月書店1992年版）、《從軍慰安婦》（岩波書店1995年版）、《共同研究日本軍慰安婦》（與林博史合编，大月書店1995年版）等。

访问和日记的搜集评估。①川田文子等对日本"慰安妇"进行调查。此外，千田夏光、松井耶依、金一勉、铃木裕子、金富子、中原道子等均付出了极大的努力。日本政府方面，则于1993年发表"河野谈话"，承认政府与此有关联，并进行反省，但日本政府又企图依靠建立女性亚洲国民基金的办法来避开国家责任问题，从而遭到了亚洲各国的抵制。2015年12月，日本政府与韩国政府迅速达成"不可逆"的"慰安妇"协议，但由于缺少诚意，遭到幸存者和韩国民众的强烈反对，加之韩国政府的更迭，现在已处于搁置状态。在韩国，民间社会在政府的积极支持下，调查幸存者并进行援助，建立了"分享之家"的养老公寓。②民众自1992年1月8日以来，每个星期三都在首尔日本大使馆前举行抗议活动。周三集会的全名是"为解决日军'慰安妇'问题的日本驻韩国大使馆前每周三定期和平集会"，目的是要求日本就在太平洋战争时期强制动员"慰安妇"等问题进行真相究明、对受害者正式道歉

---

①松冈环搜集了百余名日军老兵的日记等，以南京为中心，展示了日军强征中国妇女、建立慰安所的部分事实，其主要著作有《南京战·寻找被封闭的记忆——侵华日军原士兵102人的证言》（新内如、全美英、李建云译，上海辞书出版社2002年版）、《南京战·被割裂的受害者之魂——南京大屠杀受害者120人的证言》（沈维藩译，上海辞书出版社2005年版）。西野瑠美子曾在中国海南、云南、南京、上海等地调查，主要著作有《從軍慰安婦》（明石書店1992年版）、《從軍慰安婦と十五年戦争》（明石書店1993年版）、《女性国際戦犯法廷全記録》（合編，緑風出版社2002年版）、《戦場の慰安婦——拉孟全滅戦を生き延びた朴永心の軌跡》（明石書店2003年版）。
②"分享之家"是通过韩国的慈善家捐赠土地、民间募集资金以及韩国佛教曹溪宗等参与的方式，于1995年12月固定在京畿道广州市郊。它既是"慰安妇"幸存者的养老院，也是一个"慰安妇"历史博物馆。

以及进行法律赔偿。在 2011 年 12 月 14 日第 1000 次周三集会时，民众将日本大使馆前的周三集会场所所在道路命名为"和平路"，并在此设立了和平少女像，此后又在韩国国内和国外推广建立"慰安妇"和平少女像，已卓有成效。①

中国方面也做了多方努力，如寻找幸存者，确认事实，查询历史资料，尤其是日本占领军的文献、战时报刊等。已出版 120 册《中央档案馆藏日本侵华战犯笔供选编》，②其中有日军官兵供认在亚洲各地抢掠妇女、设立慰安所的大量事实。吉林省档案馆公布了关东军的资料，有不少与"慰安妇"相关。③前后出版的著作还有《"慰安妇"研究》《日军性奴隶》《日军"慰安妇"制度批判》《炮楼里的女人———山西日军性奴隶调查实录》《"慰安妇"与性暴力》《证据：上海 172 个慰安所揭秘》《南京日军慰安所实录》以及 Chinese Comfort Women：Testimonies from Imperial Japan'

---

① 树立"慰安妇"雕像的有韩国、加拿大、美国、中国、澳大利亚、德国、意大利等。菲律宾的"慰安妇"像在 2018 年被移除。可参见［日］冈本有佳、金富子编集：《〈平和少女像〉はなぜ座り续けるのか》，世织书房 2016 年版。

② 《中央档案馆藏日本侵华战犯笔供选编》，中华书局 2015—2016 年版。

③ 吉林省档案馆：《铁证如山———吉林省新发掘日军侵华档案研究》第 1 册，吉林省出版集团 2014 年版。

s Sexual Slaves 等。①

二、日军"慰安妇"制度历史的几个关键点

1. 时间与空间

日军"慰安妇"制度历史的起始时间和地点是1932年1月的上海。当时上海日本海军特别陆战队司令部指定一批日侨开设的风俗店为海军指定的慰安所，包括"大一沙龙"、三好馆、小松亭和永乐馆4个。东宝兴路125弄的"大一沙龙"海军慰安所，持续时间从1932年1月到1945年8月，是世界上存在时间最长的日军慰安所，目前有5幢房屋完好保存下来。②1932年1月28日，日本海军发动侵华的"一·二八事变"。此后，战事扩大，日本政府组建上海派遣军。由于发生多起日军官兵强奸战地妇女的事件，引

---

① 苏智良：《"慰安妇"研究》(上海书店1999年版)；苏智良：《日军性奴隶》(人民出版社2000年版)；陈丽菲：《日军"慰安妇"制度批判》(中华书局2007版)；张双兵：《炮楼里的女人——山西日军性奴隶调查实录》(江苏人民出版社2011年版)；苏智良、陈丽菲：《"慰安妇"与性暴力》(山东画报出版社2015年版)；苏智良、陈丽菲、姚霏：《证据：上海172个慰安所揭秘》(上海交通大学出版社2018年版)；苏智良、张建军主编：《南京日军慰安所实录》(南京出版社2018年版)；丘培培、苏智良、陈丽菲：Chinese Comfort Women: Testimonies from Imperial Japan's Sexual Slaves (加拿大 UBC 出版社2013年版、牛津大学出版社2014年版、香港大学出版社2013年版)等。
② "大一沙龙"最早称"大一"，是上海日侨较早建立的日本式"贷座敷"。所谓的"贷座敷"，是一种日本式的风俗营业店，除了向客人提供餐饮外，也提供女子供客人玩乐。其接待的客人，虽然说不分国籍，但实际上以日本人为主，有日本士兵，也有日本普通侨民。"大一"的名字在1920年的《上海日侨人名录》上已有记载，初由日本侨民白川经营，设立于宝山路，后迁至东宝兴路。

起中国和各国舆论的严厉谴责，日军上海派遣军副参谋长冈村宁次决定为此征募日本妇女建立一些专为日军官兵提供性服务的场所。具体操办者是该派遣军高级参谋冈部直三郎。冈部在同年3月14日的日记中记载："这时，传来士兵们千方百计搜索女人、道德败坏的各种传闻，为了解决士兵的性问题，就着手积极建立这种设施。"①于是，冈部与永见俊德中佐论证了"慰安妇"问题后，向冈村宁次递交了实施报告。冈村宁次立即电请长崎县知事，迅速征召女性组织"慰安妇团"，运至上海的日军占领区，建立慰安所。②1937年日本全面侵华战争爆发，日军高层也迅速推广慰安所。从黑龙江到海南岛，从辽宁到云南，日军在中国占领地广泛设立慰安所，范围涉及吉林、山西、湖北、广东、湖南、广西等22个省。1941年12月7日，太平洋战争爆发后，慰安所遍及日军在太平洋和东南亚各占领地，冲绳、朝鲜半岛和台湾岛内也均设有慰安所。

概而言之，制度性的日军"慰安妇"存在的时间是从1932年1月到1945年8月③。从空间上看，几乎所有日军的占领地、驻屯地均设有慰安所或变相的慰安所。

2.日本政府与军队的关联

为日军部队配备"慰安妇"、设立慰安所，是二战期间日本军

---

①［日］冈部直三郎：《冈部直三郎大将の日记》，1932年3月14日，芙蓉书房1982年版，第23页。

②参见苏智良、陈丽菲、姚霏：《证据：上海172个慰安所揭秘》。

③日军在中国大陆兵败后，由于种种历史原因，山西的阎锡山又留驻了小部分日军，在这部分日军中，仍然残留了军队实施"慰安妇"制度的传统，直到20世纪40年代末才彻底结束。

队的一项基本制度。因此，在"战争高于一切"的口号下，日本政府的外务省、法务省、内务省、警察系统、各都道府县与陆军省、海军省积极合作，均为慰安所的设置、管理提供便利条件和许可。所以，日本政府和日军与慰安所之间不仅有着千丝万缕的联系，更是这一性奴隶制度的"助产婆"。

以日本外务省系统为例，其开具了派遣日本、朝鲜"慰安妇"前往中国等地的证明。1938年秋，当武汉会战还在进行时，日本外交部门与军方已在合谋设立武汉慰安所的事宜了。9月28日，日本驻上海总领事后藤味在致外务大臣宇垣一成的《对于汉口占领后邦人进出的应急处理要纲》中已提出："居留民以外的人来汉口，将根据输送能力和申请人的开业情况来考虑，但建立军队慰安所没有限制。"①可见日本政府派出领事馆关注慰安所的建立和管理。又如1939年2月3日，日本驻汉口总领事花轮义敬在致外务大臣有田八郎的《关于管理去汉口渡航者的文件》中称："军队慰安所已有20家（包括兵站、宪兵队和本馆批准的慰安所）。"②日本驻沪总领事馆在20世纪30年代中期就开始介入慰安所的调查。在南京，1938年4月16日，日本总领事馆与日本陆军、海军举行联席会议，协商对南京慰安所的管理，会议规定："军队开设慰安所时，需将慰安妇的原籍、住所、姓名、年龄、出生及死亡等变动情况及时通报给领事馆。"③

毫无疑问，日军则是推行"慰安妇"制度的主体，其既自上而下又自下而上地参与设立慰安所。

---

① [日]吉見義明编:《從軍慰安妇資料集》,大月書店1992年版,第116頁。
② [日]川田文子:《皇軍慰安所の女たち》,築摩書房1993年版,第222頁。
③ [日]吉見義明编:《從軍慰安婦資料集》,大月書店1992年版,第179頁。

1938年3月4日，日本大本营给华北方面军、华中方面军参谋长发送"陆支密745号"秘密文件，内容就是募集"慰安妇"、建立慰安所。文件规定"慰安妇"的征募工作一律由派遣军一级进行"统制"；各军要选派合适的专门人选来担任此事；征募女性时要与当地警宪取得联络。[1]这一文件得到陆军省次官梅津美治郎的批准。这一正式文件还明白无误地揭示了，除军方之外，日本政府的警宪系统也加入了"慰安妇"制度的建立与实施中。它集中体现了日本陆军省作为政府军事最高领导机构在推行军事"慰安妇"制度中的领导者角色。1940年9月19日，日本陆军省颁发给各部队的教育参考资料《从中国事变的经验来看振作军纪的对策》，针对日军出现的"掠夺、强奸、放火、杀戮俘虏等"行为，认为"性的慰安所给予事变精神的影响非常大"，所以要求"对慰安设施有周到的考虑"[2]。在日本政府和军队高层看来，慰安所承担了振奋士气、维持军纪、预防强奸等多项功能。[3]这一记录进一步表明，日本政府、军方设立慰安所系统，完全是有计划、有步骤的。

1940年，视察中国东北后日本陆军省医务局长三木良英在《视察所见》中记载："在中国部队前线生活普遍不太好。接下来要考虑官兵的精神慰安以及给养。听部队长说，不明原因的逃亡、暴行接二连三发生，需要给他们建立一个精神家园。土肥原师团长要求派遣'慰安团'。尤其是国境守备队三年都没外出过。督促

---

① [日]吉見義明编:《從軍慰安婦資料集》,大月書店1992年版,第105页。
② [日]吉見義明编:《從軍慰安婦資料集》,大月書店1992年版,第168页。
③ [日]吉見義明:《從軍慰安婦》,岩波書店1995年版,第37页。

恤兵部尽快采取有效措施。"①1942年9月3日，在日本陆军省科长会议上，恩赏课长指出要在现有慰安所的基础上，追加"将校军官以下的慰安设施，拟按以下规模：华北100所，华中140所，华南40所，南方100所，南海10所，库页岛10所，共400所"。②

1937年全面侵华战争爆发后，日本上海派遣军、华中方面军中枢机构直接指挥各地建立慰安所。当时的日本华中方面军总司令是松井石根，参谋长是塚田攻。上述命令的下达，至迟在1937年12月11日。日本上海派遣军参谋长饭沼守在该日的日记里写道："从（华中）方面军那里收到关于建立慰安设施的文件。"③由此可知，在占领南京前，日本华中方面军就已向上海派遣军下达设立慰安所的命令。另外，在上海金山卫登陆的日军第10军，随后也收到了同样的命令。该军参谋寺田雅雄中佐在湖州指挥宪兵队秘密征集当地女性，并于12月18日设立了日军慰安所。④为了保证在上海地区尽快开设日军慰安所，上海派遣军参谋部要求该参谋部第二课课长长勇中佐专门负责此事。12月19日，饭沼守写道："委托长中佐迅速开设'女郎屋'。"⑤同月28日他又记载了"日本军的违法行为愈演愈烈，由第二课召集各部队负责人，传达

①[日]陆上自衞队衛生学校藏：《陆军省业务日志》。
②[日]陆上自衞队衛生学校藏：《陆军省业务日志》。
③[日]南京戦史编集委员会：《南京戦史资料集》，偕行社1989年版，第211页。
④[日]南京戦史编集委员会：《南京戦史资料集》，偕行社1989年版，第411页。
⑤[日]南京戦史编集委员会：《南京戦史资料集》，偕行社1989年版，第220页。

参谋长的训诫令"。①

在吉林省发现的两份历史文件表明，日军为建立"慰安妇"制度支付的费用非常巨大。其中一份伪满洲中央银行的档案，是该行资金部外资科的电话记录，时间是康德十二年（1945）三月三十日，内容是在徐州的日军第7990部队，经关东军第四科批准，通过伪满洲中央银行淮海省联络部向该行鞍山支行经理汇款252000日元，用于采购"慰安妇"。这笔款项的受领人写着"鞍山圣理司令部"，估计应是伪满洲中央银行鞍山支行的经理，而"司令部"三字推测应是衍文。该文件明确记载，"实际受领人是在鞍山的米山鹤"，"上述金额表面是公款形式"，"需要用大额汇款的形式存入支店的定期户头，虽然有这种存款限制，但推测可以免除其限制，允许其以军用公款的科目处理"。文件最后附加了"本件需持关东军第四科证明办理"表述，下面还记载了3笔已经汇送的经费：1944年11月17日，50000日元；12月16日，150000日元；1945年1月24日，80000日元。②这4笔汇款相加达532000日元。在短短的4个多月中，第7990部队为"采购慰安妇"汇付了如此大笔的钱款。这表明，日军用军费来推行"慰安妇"制度是当时日军内合法的事情，这也就表明了日本政府和军队是建立性奴隶制度的推手。这些钱款，主要用于日本在华、在韩的警察系统征用和运输"慰安妇"，日本工兵部队修建慰安所建筑，以及建

①［日］南京戦史编集委员会：《南京戦史资料集》，偕行社1989年版，第228頁。

②《满洲中央银行鞍山支店"慰安妇"采购资金电话记录》，康德十二年（1945）三月三十日，吉林省档案馆藏。

立军医体检体系、慰安所警戒等用途。[①]所谓的"采购慰安妇"的资金并不是支付给"慰安妇"的，在中国、韩国、朝鲜的调查中，这些国家的凡是被强制押入军队的"慰安妇"制度受害者连生命也没有任何保障，根本就没有报酬。

从史料中可见，日军基本在军一级机构设置管理慰安所的机构或军官（岗职）。通常由参谋部、军医部、管理部共同负责慰安所事宜，也有在酒保部或兵站下面设立专门管理慰安所的机构，有的称为"某某科"，有的则直接命名为"慰安所科""慰安妇股"。如在关东军里，由司令部参谋第三课负责慰安所事宜。日军驻屯上海的第7331部队，则专门设有慰安所科。[②]在武汉的日军第11军兵站也设有慰安所科，由军官2人、下士官2人、士兵4人共8人组成，其职责是管理"慰安妇"、监督慰安所运营。史料记载，每逢"慰安妇"到达民营慰安所时，兵站慰安所科即协同慰安所的老板一起，查验"慰安妇"的照片、户籍抄写本、警察的许可书、地方政府颁发的身份证明书、病历等。[③]

3. 慰安所的类型

通常有军队自己设立的慰安所、日侨经营的慰安所、朝鲜人经营的慰安所，以及傀儡政权日军合作者设立的慰安所几种类型，其中日军直营的慰安所最能体现日本国家实施性奴隶制度的本

①可参见［日］麻生撤男《上海より上海へ》(石風社1993年版)、千田夏光《従軍慰安婦》(雙葉社1973年版)、西野瑠美子《从军慰安妇と十五年戦争》等。

②［日］吉見義明编：《従軍慰安婦資料集》，大月書店1992年版，第271页。

③详见［日］山田清吉：《武漢兵站》，圖書出版社1978年版。

质——既有自上而下有计划设立的，也有中队、大队等部队自行设置的。

还有一些原本是妓院，但被日军和傀儡政权指定接待日军官兵，往往不挂慰安所的牌子，却是变相的日军专用慰安所。

也有不少受害者并不是在正式的慰安所中受害的，在中国这一现象较为普遍。日本战犯秋田松吉供认，自1940年2月至1941年5月，第43大队第3中队山东省章丘县南曹范分遣队长山根信次伍长以下15人在南曹范盘踞。他任该队一等兵步哨。山根伍长通过伪村公所强制带来5名中国妇女做"慰安妇"。这15人对该5名中国妇女进行了一年零五个月时间的淫污。[1]山西省有约70位幸存者作证，她们大多是被抓到炮楼受害的，不但没有报酬，相反家人们为了解救她们，往往倾家荡产凑齐银圆、物资，将她们从日军手中"赎"出来。

4. 日军"慰安妇"制度的规模

经过长期的调查和研究，事实表明，日军"慰安妇"制度的规模远远超过我们一开始的估计和想象。例如，在上海可以确定至少存在过172个日军慰安所，南京至少有70个日军慰安所，海南岛的慰安所有67个，武汉也有数十个慰安所。当然这些只是冰山一角。

浙江省金华市档案馆藏有日文版《金华鸡林会会则及名簿》。这本完成于1944年4月的朝鲜人同乡会名簿，是中国情报人员获得的。在这份短短的两百余人的名单中，隐藏着不少日军在金华地区建立"慰安妇"——性奴隶制度的信息。经文献研究与实地

---

① [日]《秋田松吉1954年呈供自述》，中央档案馆藏。

调查确认，名簿记有 11 个慰安所，慰安所老板 8 人，管理人员 7 人，而"慰安妇"竟高达 126 人，占金华鸡林会朝鲜人总数的 60%，最年轻的只有 17 岁；慰安所相关人员共计 141 名，占金华鸡林会朝鲜人总数的 67.19%，[①]比例之大是非常惊人的。这从一个侧面反映了战时日军推行性奴隶制度的普遍性。

5. "慰安妇"是被强迫的还是去做生意

长期以来，日本国内的右翼势力似乎正在进行一场"谁比谁更右"的荒唐游戏，以吸引日本民众的眼球来谋求各种政治利益。2007 年 3 月 5 日，针对美国众议院通过谴责日本战时推行性奴隶制度的决议，当时的日本首相安倍晋三竟说："美国议会的决议案不基于事实。虽然得到通过，但我不会谢罪。从狭义看，没有证明强制性的根据。也没有能证明那些的证词。也许不会有从军'慰安妇'自己愿意走那条路，的确有业者在中间强征的情况。可是，没有官员冲进屋子里、把人带走的那种强征性。"[②]2013 年 5 月，日本大阪市长桥下彻公然声称，在战时的情况下，"慰安妇制度是必要的存在"；他甚至建议，驻日美军官兵可充分利用日本的色情场所。2014 年 1 月，新上任的日本放送协会（NHK）新任会长籾井胜人竟然胡说，"慰安妇"问题"在任何一个国家都存在"。[③]

当日本政府和军部为确保战争机器的运转而实施"慰安妇"制度后，大量的外国女性和殖民地女性被强征为"慰安妇"，其中

---

①《抄呈金华鸡林会会则及名簿文》，1945 年 1 月 30 日，档案号 L001-001-636-020，金华市档案馆藏。

②［韩］韩国慰安妇问题对策协议会：《不可擦掉的历史，日军"慰安妇"》，中文版（无版权页），第 68 页。

③日本《产经新闻》2014 年 1 月 27 日。

主要是中国、朝鲜半岛和东南亚各地的妇女。在亚洲各地留下了数以万计的资料和证言，证明这些女性是被强征或诱骗，被迫充当"慰安妇"的，她们失去人身自由，苦不堪言，生不如死。

在山西盂县、武乡等地，日军在与八路军对峙的环境中，时常将抓到的农村妇女控制在炮楼里，那里就成为"合法的强奸中心"。经过长期的调查所知，当地愿意站出来指证日军性奴隶制暴行的受害者至少有70人。在海南许多地方，日军也是任意将女性抓入军队据点作为性奴隶使用。如在澄迈，"一发现稍有姿色的女青年都抓到军部里充当'慰安妇'，专供其玩乐。日军每个中队都设有一所'慰安所'。驻金江中队'慰安所'，设在金江乐善堂旁边陈国宗的家里，全所有'慰安妇'30余人；陈国宗一家被驱逐到别家居住，楼上楼下几百平方米全部供'慰安妇'居住，四周用铁丝网团团围住，并设专人管理，关在里面的'慰安妇'是无法逃跑的，外人也无法进去。驻石浮中队的'慰安所'设在石浮岭的军部里，全所有'慰安妇'20余人。也是用铁丝网围住，派专人看守和管理"。①强制征用和随意抓捕中国女性作为日军的性奴隶使用，在中国的日军占领区是非常普遍的现象。

有些"慰安妇"被凌辱而亡，甚至被日军杀死吃掉。日军第59师团第54旅团第111大队机关枪中队下士官绘鸠毅（原名石渡毅）供认，在山东省的索格庄，日军强逼一名女战俘做一下士官的"慰安妇"。因在索格庄长期驻扎，食物供给越来越困难，下士官竟把她杀了，然后吃了她的肉，而且他不仅自己吃，还对中

①朱永泽口述、雷丁华整理：《金江、石浮"慰安所"见闻》，载符和积主编：《铁蹄下的腥风血雨——日军侵琼暴行实录》续册，海南出版社1996年版，第99页。

队的人谎称大队本部送来了肉，让全中队的人都吃了。[1]

日本宪兵参与了对日军慰安所的管理，例如统计进出慰安所官兵的人数，并进行管理。在吉林省档案馆发现了两份日军档案，是1938年2月日军华中派遣宪兵队司令官大木繁给该军参谋部的报告，其中统计了南京、下关、镇江、句容、金坛、常州、丹阳、芜湖和宁国9个地区的慰安所情况，除了宁国因交通断绝情况不明外，其他8地均已设立慰安所。档案记载，在芜湖，"慰安妇"比上一旬增加了84人；在该地的109名"慰安妇"中，日本女性48人，朝鲜女性36人，中国女性25人。在镇江的109名"慰安妇"，要面对15000名士兵，平均1名女性要面对137名士兵。报告明确记载：在2月中旬的10天内，有8929名日军官兵进入了镇江的日军慰安所，竟比前一旬增加了3195人次；在该地，平均1名"慰安妇"10天"接待"了82名官兵。在丹阳，因为"慰安妇"暂时只有6人，严重不足，因此报告中明确写上要"就地征募当地慰安妇"。[2] 在大木繁的另一份报告中记载：湖州的慰安所里，有中国女性11人，朝鲜女性29人；当桑名旅团到到湖州时，日军数量已有所减少，但仍增开了一家"特种慰安所"。无锡"最近也要增加20名'慰安妇'"。[3]

---

①《战犯绘鸠毅自述：日军强征慰安妇并杀掉吃肉》，《人民日报》2014年9月5日。

②［日］华中派遣军宪兵队司令官大木繁：《关于南京宪兵队辖区治安恢复状况调查之件（通牒）》，昭和十三年（1938）二月二十八日，吉林省档案馆藏。

③［日］华中派遣军宪兵队司令官大木繁：《关于南京宪兵队辖区治安恢复状况的调查之件（通牒）》，见《中支宪高第二四一号》，昭和十三年（1938）二月十九日，吉林省档案馆藏。

三、"慰安妇"历史如何记忆

30多年来，世界范围内展开了漫长而艰难的受害者调查，包括韩国、朝鲜、中国大陆和台湾地区、菲律宾、东帝汶、荷兰、印度尼西亚。[①]能确认的受害幸存者情况为：韩国239人，朝鲜209人，中国大陆250人，中国台湾50人左右，印度尼西亚发现数百人，菲律宾100多人，东帝汶数十人，日本10人以内，荷兰也有多名受害者。

中国大陆发现"慰安妇"幸存者的省市，涉及黑龙江、吉林、北京、河北、河南、山东、山西、安徽、江苏、上海、浙江、湖北、湖南、广西、云南、海南等。广西荔浦的韦绍兰战时被日军抓到马岭慰安所，被迫怀孕，逃回家后，生下"日本仔"罗善学。近年来，他们曾到上海、南京、东京、大阪等地作证，如今，母子俩均已作古。

岁月流逝，幸存者日益凋零，目前中国大陆有9位，[②]中国台湾受害者均已逝世，韩国还有8人，也只剩下个位数了。菲律宾、印度尼西亚的幸存者也寥寥无几了。

1.国际社会的基本共识

在日军"慰安妇"问题上，国际社会基本形成了共识。早在1996年联合国人权委员会已专门就"慰安妇"问题进行独立调查，并发表了报告。是年4月1日，联合国法律专家科马拉斯瓦密（Radhika Coomaraswamy）向联合国人权委员会提交了《关于战时

---

① 日军"慰安妇"制度受害地还有缅甸，但缅甸似乎没有进行调查。
② 她们分布在海南、广西、湖南、浙江、山西等地。

的军事性奴隶制度问题的报告书》。报告书认定日本政府需要负起相关责任，并建议日本政府：（1）应当对违背国际法设立慰安所的行为负法律责任；（2）应当对被作为性奴隶受害的每个人予以赔偿；（3）应当公布一切有关资料；（4）正式向被害者谢罪；（5）在教科书中正确反映这一历史事实；（6）对于战争犯罪进行惩罚。①

同样，国际劳工组织、国际法学会等均做出了谴责日本实施性奴隶制度的报告。国际法学家委员会（ICJ）于1993年调查后发布报告，提出道歉、赔偿、国际法院立案等七条建议。2007年以来，美国、加拿大、荷兰、菲律宾、韩国等国的国会（议会）通过决议，谴责日本政府否认历史责任。

越来越多的国家政府决定将这段反人道的历史写入教科书，在课堂上讲述，如中国、韩国、加拿大、美国等。虽然日本的高中历史中保留了一些内容，但比20世纪90年代已有明显的倒退。

2.悲惨的历史如何记忆

金学顺揭发日军暴行的8月14日，正在成为"慰安妇纪念日"，每年的"八一四"，各国都会举行各种纪念"慰安妇"的活动。各国或地区的新闻工作者和电影人纷纷参与拍摄"慰安妇"题材的故事片和纪录片，如韩国的故事片《鬼乡》，中国大陆的纪

---

① Ms. Radhika Coomaraswamy, "Report of the Special Rapporteur on violenst women, its causes and consequences", in accordance with Commission on Human Rights resolution, 1996, UN Doc.E／CN.4／1996／53。

录片《三十二》《二十二》《一座慰安所的去与留》等，①中国台湾的《阿妈的秘密》《芦苇之歌》。通过观看《二十二》等纪录片，既引发了中国公民的议论和关注，也完成了"慰安妇"问题的知识启蒙。设立历史博物馆的目的是为了保存和延续记忆。2017年4月，在东京举行了第一届日军"慰安妇"博物馆工作会议，目前"慰安妇"博物馆已出现在韩国、中国大陆和台湾地区、日本、菲律宾、荷兰等地。在中国大陆，有黑龙江孙吴关东军"军人会馆"陈列馆（2009）、云南龙陵董家沟慰安所旧址陈列馆（2010）、南京利济巷慰安所旧址陈列馆（2015）、上海师范大学中国"慰安妇"历史博物馆（2016）等。南京利济巷慰安所旧址陈列馆是在日军慰安所旧址上建立的，有8幢旧房，朝鲜"慰安妇"制度受害幸存者朴永心于2003年亲临作证。美国、加拿大也在建立"慰安妇"博物馆。

3.申请世界记忆名录的较量

联合国教科文组织发起的世界记忆名录活动，是保存人类记忆的绝好方式。2014年中国向教科文组织提交了"南京大屠杀资料"和"慰安妇资料"两个项目，由于日本政府的反对，"慰安妇资料"申遗未能成功。联合国教科文组织的意见是：考虑到"慰安妇"关联的还有其他国家，建议联合申请。于是2016年5月31

---

①郭柯导演、苏智良顾问的《二十二》于2017年8月14日"慰安妇"纪念日在中国各地院线上演，20天里有600多万人观看，票房1.7亿元，创造了中国纪录片票房的新纪录。2016年12月17日中国中央电视台新闻频道播放《一座慰安所的去与留》，讲述了上海慰安所"海乃家"的建筑是否值得保留的故事，因官员、市民、学生的反应截然不同，从而引起了社会的广泛关注。

日，中国与韩国、菲律宾、印尼、东帝汶、日本、荷兰、英国、澳大利亚、美国以及中国台湾地区的民间团体或机构一起，递交加入世界记忆名录的申请，名称为"'慰安妇'的声音"。这次联合申遗的资料非常丰富，共计2744件，主要包括两个部分，即"慰安妇"历史资料和"慰安妇"调查及抗争活动的文献。这些文献尽管存在残缺性、破损性等缺陷，但确实是真实的、唯一的，恰恰符合联合国教科文组织关于世界记忆名录的要求。

但日本右翼势力等也申报了有关"慰安妇"名为"日军的纪律"的项目，宣称日军的军纪非常严明，企图混淆视听。在审核之时，日本政府甚至扬言，"'慰安妇'的声音"如获通过，日本将退出联合国教科文组织。在压力之下，2017年10月联合国教科文组织的审定结论是，建议两个"慰安妇"相关项目展开对话。目前，国际申遗委员会已致函联合国教科文组织总干事，愿意对话。事实表明，关于战争暴行如何评价和如何记忆，斗争是非常激烈的。

历史学者的研究需要价值中立，冷静评判，谨慎落笔，但历史学家也承担着判断善恶，鞭挞罪行，指引人们向真向善的责任和使命。日军"慰安妇"——军事性奴隶的战争罪行，与纳粹对犹太人的种族灭绝、日军南京大屠杀等一样，是20世纪反人道的严重战争暴行，人类应该深刻记忆并吸取教训，以防止类似暴行的重演。

后 记

2003 年 11 月，我们上海师范大学中国"慰安妇"问题研究中心与各方合作，参与发起了朴永心来华国际联合调查活动，在中、朝、日三方的合作下，这一活动得以顺利完成。

现在想起来，82 岁的朴永心，克服身体和心理两方面的困难，千里迢迢，翻山越岭，历经平壤—南京—云南—北京—平壤的行程，终于圆满结束调查，一路顺畅，真是有点不可思议。由于朴永心老人的身体很弱，千里舟车奔波，非常辛苦，我们甚至与朝鲜方面提出要做好最坏的打算。

对此，我们要衷心感谢各方的朋友。云南友人陈祖梁（原保山市史志办干部）、沙必璐（原保山隆阳区史志办主任）等，长期坚持在当地进行深入调查，没有他们前期锲而不舍的开拓，我们难以知晓整个云南日军"慰安妇"制度的真相。《现代快报》的社领导和郝倩等记者为朴永心调查而作出的努力和连续报道，扩大了民众对这一问题的关注；更要感谢在日本的中国媒体人朱弘，离开了他坚忍不拔的努力，调查是不会成功的。同样，数十年来摄影家伊藤孝司先生出色的摄影技术和成果，使"慰安妇"调查更具有真实性和现场感。作为日本"慰安妇"问题研究的开拓者之一，西野瑠美子女士从《从军"慰安妇"与十五年战争》到 2003 年出版的《战场上的"慰安妇"》，都具有相当的冲击力，她的研究使我们获益匪浅；她也是这一活动的重要组织者和参与者。

我们要感谢以黄虎男为首的朝鲜调查代表团的良好合作，更感佩朴永心老人的不屈精神。感谢以朱成山馆长为首的侵华日军南京大屠杀遇难同胞纪念馆（包括后来的利济巷慰安所旧址陈列馆）的同仁，他们的工作一直很出色。同时，还要感谢研究生沈晓青，她也参与了部分调查和照片拍摄等工作；研究生曾俊2002年完成了硕士学位论文《云南日军"慰安妇"问题研究》，对云南"慰安妇"相关录像和旧照进行了仔细的考订与研究。

2003年底，关于朴永心的重返中国活动，可以说是一次历史的反省和回顾，也是国际社会在日军"慰安妇"问题调查方面的一次成功合作。如果没有朝鲜的加入，就没有朴永心老人本人重返中国的回顾；没有中国学者的帮助，就没有实地准确的指认；没有日本学者的参与，就无法有详细的资料搜集和日本兵的回忆；没有《现代快报》等媒体的合作，就不可能迅速的传播。三个国家有关力量的加入与通力合作，才决定了"这是一次完整的、富有成效的调查"。

在结束本书之时，我们还想就"慰安妇"问题谈三二心得。

本书初版于2005年，那年是抗日战争胜利暨第二次世界大战结束60周年，对于战争重要遗址的保护，已迫在眉睫。在欧洲，奥斯威辛集中营纪念馆早已是世界著名的人类文化遗产，美国犹太人创建的"大屠杀纪念馆"也已成为华盛顿的新景观。而我们关于战争遗址的保护在20世纪90年代才刚刚起步，不如意的事情还时常发生。以慰安所为例，日本帝国主义实施的性奴隶制度，是法西斯侵犯人权的战争犯罪，它使几十万妇女蒙难。在数以千百计的慰安所建筑中选择一两个具有典型意义的旧址进行保护，建立纪念馆，是我们的责任。而1932年1月出现于上海的、世界上第一个日军慰安所——"大一沙龙"（其址今为虹口区东宝兴路125弄），如今五幢房屋仍然完好，非常适合建立中国"慰安妇"纪念馆，但笔者呼吁了二十余年，上海市领导也批示要求保护，但属地政府至今仍没有积极的反应。

在云南，发生过两件令人极为遗憾的事情。第一件事情发生在1999年，当时有关"慰安妇"的报道，即使是在中国国内也都有了很多的传播，受害者向日本政府讨还血债的声音也传入了山寨。于是一天，有四位老年妇女翻山越岭，来到了腾冲县政府。像她们这样的山民，可以说一生出山都是屈指可数的，到县政府的大院来，对于她们来说，是一件大事，是鼓起了勇气才来的。原来四位老人在日本侵略滇西期间，曾被日军强迫充当了性奴隶，今天听说各国的受害者向日本政府讨还公道，她们也希望加入这个队伍，但当地的一名工作人员听说是"这等事情"，不禁勃然大怒，训斥道：你们做过这样的事情，竟还有脸面到政府这里来说，回去！

可以想象当时这四位老人受到的惊吓、恐慌——她们含着眼泪，带着羞愧、愤怒与无奈，离开了县政府大院。这四位老人至今未能找到，而且这四位老人中很可能就有原朝鲜"慰安妇"。

第二件事情是2000年12月，经过三年多的筹备，亚洲各国将在东京举行"战时性奴隶制度"的国际战犯法庭，在准备起诉书时，我们考虑中国大陆的原告由万爱花（山西太原）、杨明贞（江苏南京）、袁竹林（湖北武汉）、李连春（云南保山）和黄有良、陈亚扁（海南，黎族）组成（在武汉的河尚淑作为韩国代表团的原告），她们将代表中国遭受日军性奴隶制度的受害者出席法庭活动。但令人遗憾和愤怒的是，当住在云南和海南大山里的李连春和黄有良、陈亚扁，一针一线地缝制了衣物横幅，一次又一次地从深山里出来办出国手续的时候，这两地的干部竟说："现在农民也要出国了？做了这等事，还要出国去张扬？"我们信函、电话说明，毫无作用。在一次一次拒绝下，老人们痛哭失声。

终于，经过各方的长期努力，我国建立了南京利济巷慰安所旧址陈列馆，云南龙陵董家沟慰安所旧址陈列馆，黑龙江黑河孙吴关东军"军人会馆"陈列馆，以及上海师范大学中国"慰安妇"历史博物馆。但遗憾的是，作为日军在亚洲建立的第一个慰安所旧址——"大一沙龙"，尽管建筑已保存，但至今未能建成纪念馆。

行文至此，想起了诗人邓约翰的那句名言："丧钟为谁而敲。"我们将他的这段布道词引录下来：

> 没有人是一个岛，自给自足；每个人都是大陆的一部分，整体的一个片段。如果一块土地被海浪冲走，则欧洲的损失，正如冲走了一角海峡，冲走了你朋友的田庄或是你自己的田庄。不论谁死了，我都受损，因为我和人类息息相关。所以不要派人去问，丧钟为谁而敲。丧钟为你而敲。

所以，不要以为我们身边的历史，那些曾经受侮辱和损害的人，是一些陈谷子烂芝麻。她们的尊严和荣誉，与我们和我们后代以及人类的尊严和荣誉，息息相关。为了不让日军性奴隶——

"慰安妇"这样的人间悲剧再次出现在我们的面前，社会必须关心这段历史，我们每个人都必须正视还在延续并影响着现实与历史的人和事。

2024 年 6 月

参考文献

HOLAES & MEIER, *Comfort Women Speak*, New York, 2000.

伊藤孝司编著:《白飘带噙在嘴》(朝鲜文),1994年版。

日本《戦争责任研究》杂志。

日本 Women's Asia 杂志。

千田夏光:《従軍慰安婦》,雙葉社1973年版。

森山康平编著:《フーコン・雲南の戦い》(太平洋战争写真史丛书),池宫商会出版部1984年版。

金一勉:《天皇の军队と朝鲜人慰安婦》,三一书房1991年版。

伊藤孝司编著:《従軍慰安婦——女子勤劳挺身队》,風媒社1992年版。

"従軍慰安婦110番"编辑委员会编:《従軍慰安婦110番》,明石書店1992年版。

麻生徹男:《上海より上海へ》,石風社1993年版。

西野瑠美子:《従軍慰安婦と十五年戦争》,明石書店1993年版。

高崎隆治:《"阵中日志"に书かれた慰安妇と毒ガス》,梨の木舍1993年版。

伊藤孝司编著:《破られた沈默——アジアの従軍慰安婦たち》,風媒社1993年版。

韩国挺身队问题对策协议会、挺身队研究会编:《证言——强

制连行された朝鮮人慰安婦たち》，明石書店1993年版。

吉見義明編：《従軍慰安婦資料集》，岩波書店1995年版。

韩国挺身队问题对策协议会、挺身队研究会编：《中国に连行
された朝鮮人慰安婦》，三一書房1996年版。

浅野豊美：《云南、ビルマにおける慰安婦達——死者は语
る》，载日本财团法人女性のためのアジア平和国民基金慰安婦关
系资料委员会编：《慰安婦问题调查报告1999》，财团法人女性の
ためのアジア平和国民基金1999年发行。

池田惠理子、大越爱子主编：《加害の精神构造と戦后责任》，
绿风社2000年版。

金富子、宋连玉主编：《慰安婦戦时性暴力の实态》，绿风社
2000年版。

伊藤孝司：《平壤からの告発》，风媒社2002年版。

尹贞玉著、铃木裕子编：《平和を希求して》，白泽社2003年
版。

西野瑠美子：《戦场の慰安婦——拉孟全灭戦を生き延びた朴
永心の軌跡》，明石書店2003年版。

西野瑠美子、金富子：《証言未来への記忆 アジア慰安婦証言
集》第1册，明石書店2006年版。

《中华民国重要史料初编——对日抗战时期 第二编：作战经
过》，中国国民党中央委员会党史委员会1981年版。

《云南文史资料选辑》，第19辑，云南人民出版社1982年版。

陶达纲：《滇西抗日血战写实（民国三三至三四年）》，台北
"国防部"史政编译局1988年版。

朴宣泠、刘宝春：《历史的旋涡——一个韩国"慰安妇"的悲惨故事》，上海文艺出版社1995年版。

约翰·拉贝：《拉贝日记》，江苏人民出版社1997年版。

苏智良：《慰安妇研究》，上海书店出版社1999年版。

云南省保山地区新闻中心等编：《中国远征军滇西大战》，云南美术出版社2000年版。

周勇撰文、陈祖梁供图：《从怒江峡谷到缅北丛林》，云南美术出版社2000年版。

苏智良：《日军性奴隶》，人民出版社2000年版。

苏智良、荣维木、陈丽菲主编：《罪孽滔天——二战时期的日军慰安妇制度》，上海学林出版社2000年版。

韩国挺身队问题对策协议会、韩国挺身队研究会编：《被掠往侵略战场的慰安妇》，金镇烈、黄一兵译，中国文史出版社2001年版。

松冈环：《南京战·寻找被封闭的记忆——侵华日军原士兵102人的证言》，新内如、全美英、李建云译，上海辞书出版社2002年版。

沙必璐主编：《血肉丰碑：侵华日军滇西暴行与滇西抗日战争纪实》，上海社会科学院出版社2003年版。

陈祖梁编著：《血雾迷茫——滇缅抗日及日军罪恶揭秘》，云南美术出版社2004年版。

太田毅著：《松山——全军覆灭战场的证言》，伍金贵译，云南民族出版社2010年版。

中央档案馆主编：《中央档案馆藏日本侵华战犯笔供选编》120册，中华书局2015、2017年版。

余戈：《滇西抗战三部曲》，生活·读书·新知三联书店 2017 年版。

陈祖梁：《滇边文史》，云南人民出版社 2023 年版。